Cuisine du Monde

Livre

De

Batch cooking

Je cuisine une fois le week-end

Pour toute la semaine

Victoria MICHEL

Sommaire

Introduction

Les cuisiniers à domicile sont toujours à la recherche de moyens d'économiser du temps et de l'argent sans jamais compromettre le goût ou la nutrition. Heureusement, il existe un système que vous pouvez mettre en œuvre chez vous pour atteindre tous ces objectifs. C'est ce qu'on appelle la cuisson par lots.

Tout comme cela en a l'air, la cuisson par lots signifie préparer de plus grandes portions d'aliments à consommer tels quels ou combinés de manière créative en repas complets. Les cuisiniers professionnels s'appuient sur cette technique pour conserver les ingrédients frais, réduire les déchets et préparer les plats rapidement et uniformément. Une fois que vous avez compris les bases sur la façon d'acheter, de cuisiner et de stocker les ingrédients préparés, ces principes peuvent être appliqués à presque tous vos viandes, poissons, céréales, fruits et légumes préférés. Votre imagination et votre créativité mèneront à des possibilités infinies et vos repas de milieu de semaine seront plus faciles et plus délicieux que jamais.

Planification des menus

Commencez par utiliser des recettes que votre famille adore et listez tous les ingrédients nécessaires pour les préparer. Pensez à la façon dont les ingrédients se chevauchent et à ceux qui nécessiteront les achats les plus importants. Ces articles deviennent vos ingrédients de base et seront les éléments constitutifs de nouvelles recettes ou de combinaisons créatives d'ingrédients que vous préparez.

Utilisez les bons conteneurs

Maintenant que vous avez planifié votre menu hebdomadaire, il est temps de parcourir votre garde-manger et de rassembler tous vos contenants. Ont-ils tous des couvercles? Y a-t-il des taches, des fissures ou des ébréchures? Débarrassez-vous de tous les conteneurs endommagés. Ensuite, considérez la forme, le matériau et le volume. Avez-vous les contenants de la bonne taille pour stocker de gros lots? Les récipients en verre et en plastique sont préférés car ils sont livrés avec des couvercles hermétiques, se désinfectent facilement, s'empilent bien et peuvent être utilisés à plusieurs reprises. Évitez les contenants en aluminium car vous ne pouvez pas les mettre dans un four à micro-ondes et ils ne sont généralement pas réutilisables. Une pellicule de plastique est également essentielle pour conserver vos ingrédients, alors assurez-vous d'avoir un rouleau frais à portée de main.

Acheter en gros

Chaque recette de cuisson par lots commence par, eh bien, l'achat par lots. L'achat en gros ou en grande quantité est un excellent moyen d'économiser quelques dollars et de vous assurer que votre garde-manger reste plein. Il n'y a rien de plus ennuyeux que de découvrir que vous n'avez pas assez de fournitures en plein milieu de la cuisine. Alors parcourez les recettes que vous prévoyez de cuisiner et assurez-vous d'avoir tous les ingrédients avant de commencer.

Lors de l'achat d'aliments en vrac, les denrées périssables devront être portion nées, préparées et stockées le plus rapidement possible pour conserver leur fraîcheur. Les céréales, les haricots et le riz, par contre, ont une longue durée de conservation. Faites-les cuire à l'avance.

Tenez compte du temps de préparation et de cuisson

Il est temps pour la partie amusante! Pour tous les papas et mères qui travaillent là-bas, vous aurez besoin de trouver du temps pour exécuter. Les viandes braisées, les «One Pot / Pan Wenders», les dîners sur une plaque de cuisson, le portionnement du poisson entier en portions individuelles et la précuisons des légumes prennent du temps et nécessitent de l'espace pour être préparés. Nettoyez et désinfectez toutes vos surfaces de travail et assurez-vous que tous les contenants sont propres et prêts à recevoir les ingrédients.

Quand il est enfin temps de faire bouillir l'eau, d'allumer les brûleurs et de préchauffer le four, pensez à garder vos ingrédients sans saveur pour laisser briller votre créativité culinaire plus tard dans la semaine. Par exemple, faites rôtir les patates douces uniquement avec de l'huile, du sel et du poivre. Le mardi taco, réchauffez avec du cumin grillé et de la poudre de piment Ancho pour préparer un festin mexicain. Le déjeuner du jeudi peut utiliser les mêmes patates douces, mais les mélanger dans une salade méditerranéenne avec des cœurs de romaine coupés, des tomates et des concombres en dés, du fromage feta émietté et une vinaigrette de déesse verte, le tout préparé le lundi.

Préparation supplémentaire et congélation

N'oubliez pas que nous ne préparons pas seulement un repas plus tard dans la semaine, c'est une nouvelle façon de penser. De nombreux aliments de base se congèlent bien, alors doublez ou triplez la recette et congelez-la. Non seulement vous pourrez l'utiliser pour un seul repas, mais cela vous fera gagner du temps de préparation pendant un horaire chargé. Considérez les grains entiers, le quinoa, le riz, les soupes, les sauces, les boulettes de viande, les muffins, les biscuits et les gaufres comme d'excellents candidats pour votre réserve de repas au congélateur.

Heure du repas

Après avoir congelé ou réfrigéré vos repas ou ingrédients, il est maintenant temps de manger. Les articles congelés devront être planifiés à l'avance car des méthodes de décongélation appropriées sont essentielles pour la sécurité. Ne mettez jamais un plat congelé dans le four (il brûlera l'extérieur et laissera l'intérieur froid) et ne laissez jamais un steak en portions sur le comptoir toute la journée. La conservation des aliments entre 40 et 140 degrés Fahrenheit pendant de longues périodes augmentera votre risque de contracter une maladie d'origine alimentaire. Cependant, certains articles comme les pâtes surgelées, le riz et les légumes peuvent facilement être réchauffés dans des casseroles ou de l'eau bouillante. Suivez simplement les recettes écrites par des professionnels et votre famille applaudira vos efforts.

Menus

Printemps/ été

Semaine 1

LUNDI

Ragoût de poulet et bacon en une seule casserole / P : 28

MARDI

Casserole de haricots au piment et purée de crème sure / P : 38

MERCREDI

Jarrets d'agneau vietnamiens aux patates douces   / P : 30

JEUDI

Biryani d'agneau / P : 119

VENDREDI

Saucisses Glamorgan / P : 32

SAMEDI

Lasagnes sans tracas / P : 46

Semaine 2

LUNDI

Biscuits américains au macadamia et aux canneberges / P : 31

MARDI

Ragoût de lièvre / P : 94

MERCREDI

Bolognaise / P : 36

JEUDI

Fagots avec sauce aux oignons / P : 37

VENDREDI

Bouillon de dinde / P : 29

SAMEDI

Steaks balsamiques avec quartiers de poivre / P : 39

Semaine 3

LUNDI

Saumon crémeux à la ratatouille en morceaux / P : 40

MARDI

Crêpes à la cannelle avec compote et sirop d'érable / P : 54

MERCREDI

Penne au fromage et aux épinards avec crumble aux noix / P : 64

JEUDI

Tarte au poisson / P : 43

VENDREDI

Pain aux céréales / P : 75

SAMEDI

Soupe à la courge musquée et patates douces / P : 100

Semaine 4

LUNDI

Spaghetti bolognaise / P : 59

MARDI

Tarte à l'italienne / P : 49

MERCREDI

Poulet au cari et à la noix de coco / P : 114

JEUDI

Compote de pommes, poires et cerises / P : 51

VENDREDI

Rôti à l'orange / P : 79

SAMEDI

Gâteau aux carottes / P : 41

Semaine 5

LUNDI

Crunch à la rhubarbe et à la crème anglaise / P : 55

MARDI

Poulet Yassa / P : 85

MERCREDI

Casserole de pâtes au brocoli / P : 56

JEUDI

Risotto aux courgettes et pesto de chèvre / P : 92

VENDREDI

Lasagnes aux aubergines / P : 58

SAMEDI

Soupe de légumes italienne / P : 48

Semaine 6

LUNDI

Ragoût de poulet épicé africain / P : 60

MARDI

Piment Marrakech / P : 61

MERCREDI

Poulet Tikka / P : 113

JEUDI

Tartes croustillantes au cheddar / P : 63

VENDREDI

Pâtés au bœuf et cornichons / P : 42

SAMEDI

Ragoût de poulet / P : 112

Semaine 7

LUNDI

Ragoût de veau aux pommes de terre / P : 66

MARDI

Risotto au potiron/ P : 67

MERCREDI

Poulet Piccata / P : 111

JEUDI

Saucisse et pommes de terre au four / P : 69

VENDREDI

Cacciatore de poulet épicé / P : 50

SAMEDI

Spaghetti à la sauce tomate / P : 71

Semaine 8

LUNDI

Omelette aux courgettes au four / P : 72

MARDI

Kleftiko d'agneau / P : 89

MERCREDI

Bouilli / P : 74

JEUDI

Lasagnes au fromage et bacon / P : 45

VENDREDI

Bœuf bourguignon / P : 76

SAMEDI

Ragoût de viande aux oignons / P : 78

Menus

Automne/hiver

Semaine 1

LUNDI

Cheeseburger et frites / P : 52

MARDI

Curry rouge thaïlandais / P : 132

MERCREDI

Poulet Balsamique Croustillant / P : 117

JEUDI

Risotto à la saucisse et au Nebbiolo / P : 82

VENDREDI

Braisé aux champignons et au vin rouge / P : 84

SAMEDI

Granola croquant au miel avec amandes et abricots / P : 55

Semaine 2

LUNDI

Risotto aux crevettes, courgettes et fleurs de courgettes / P : 87

MARDI

Côtes levées au four / P : 73

MERCREDI

Cerf en cruche avec polenta de sarrasin / P : 90

JEUDI

Biryani au Poulet / P : 57

VENDREDI

Ragoût de cheval / P : 93

SAMEDI

Tarte au poisson au fromage et au chou frisé / P : 35

Semaine 3

LUNDI

Ragoût de lapin aigre-doux / P : 95

MARDI

Tarte Cumberland / P : 118

MERCREDI

Vermicelles à la viande et sauce épicée / P : 98

JEUDI

Ragoût d'artichaut à la purée de patates douces / P : 99

VENDREDI

Chapon en peluche / P : 101

SAMEDI

Soupe de mouton au beurre d'arachide / P : 33

Semaine 4

LUNDI

Soupe aux patates douces et aux carottes / P : 130

MARDI

Ragoût de bœuf / P : 104

MERCREDI

Sauce bolognaise / P : 105

JEUDI

Tortellini au four à la bolognaise / P : 106

VENDREDI

Tarte de berger au chou-fleur / P : 107

SAMEDI

Curry de poulet et patates douces / P : 108

Semaine 5

LUNDI

Agneau Rogan Josh / P : 127

MARDI

Poulet Marbella / P : 110

MERCREDI

Piment végétalien / P : 133

JEUDI

Ragoût de bœuf / P : 65

VENDREDI

Tarte au cottage rapide / P : 62

SAMEDI

Tagliatelles sauce à la viande blanche / P : 70

Semaine 6

LUNDI

Tarte au cottage / P : 115

MARDI

Poulet toscan crémeux / P : 116

MERCREDI

Pâtes au brocoli / P : 81

JEUDI

Ragoût de betteraves et lentilles / P : 97

VENDREDI

Poulet piment avec viande / P : 34

SAMEDI

Ragù d'agneau simple / P : 121

Semaine 7

LUNDI

Tajine d'agneau marocain / P : 122

MARDI

Potée à l'agneau du Lancashire / P : 123

MERCREDI

Lentille bolognaise / P : 124

JEUDI

Lasagnes aux lentilles végétaliennes / P : 125

VENDREDI

Cuisses de poulet à l'érable et à la moutarde / P : 126

SAMEDI

Gâteau au saumon / P : 128

Semaine 8

LUNDI

Poulet biryani / P : 109

MARDI

Curry de Massaman de bœuf / P : 103

MERCREDI

Recette de curry vert thaïlandais facile / P : 131

JEUDI

Pommes de terre de riz et moules / P : 80

VENDREDI

Ragoût aux petits pois / P : 68

SAMEDI

Lasagne Végétarienne / P : 30

Ragoût de poulet et bacon en une seule casserole

Préparation: 20 min / Cuisson: 1 h 30

Ingrédients

- 3 cuillères à soupe d'huile d'olive
- 16 morceaux de poulet sur l'os (environ 3 kg)
- 140g de lard fumé, haché ou lardons ou cubetti di pancetta
- 4 carottes moyennes, coupées en tranches épaisses
- 2 oignons, hachés grossièrement
- 2 cuillères à soupe de farine tout usage
- 1 cuillère à soupe de purée de tomates
- 75 ml de vin blanc ou de vinaigre de cidre
- 1l de bouillon de poulet
- 2 feuilles de laurier
- 4 cuillères à soupe de crème fraîche ou de crème fraîche
- 600g de petites pommes de terre nouvelles coupées en deux
- 12 gros champignons blancs, coupés en quartiers
- herbes hachées, comme le persil, l'estragon ou la ciboulette

Méthode

1. Chauffer le four à 200C / 180C ventilateur / gaz 6. Chauffer l'huile dans une grande cocotte antidéflagrante avec un couvercle. Faites frire les morceaux de poulet par lots pendant 5 minutes de chaque côté jusqu'à ce qu'ils soient bien dorés, puis transférez-les dans une assiette. Faites grésiller le bacon dans la cocotte pendant quelques minutes jusqu'à ce qu'il commence à croustiller. Incorporer les carottes et les oignons, puis cuire 5 minutes jusqu'à ce qu'ils commencent à ramollir. Incorporer la farine et la purée de tomates et cuire 1 min de plus. Enfin, ajoutez le vinaigre et mélangez bien.

2. Versez le bouillon et portez à ébullition. Ajouter la baie, la crème et l'assaisonnement. Faites glisser les morceaux de poulet et parsemez-les sur les pommes de terre en retournant le tout plusieurs fois pour que les pommes de terre soient immergées dans la sauce. Mettez le couvercle et placez au four. Après 40 minutes, sortir du four et incorporer les champignons. Couvrir à nouveau et cuire au four pendant 10 minutes de plus jusqu'à ce que le poulet soit bien cuit et tendre mais ne tombe pas complètement de l'os. Vous pouvez maintenant éteindre le feu, le refroidir et le congeler en partie ou en totalité (voir les conseils de congélation ci-dessous). Si vous mangez tout de suite, faites cuire 10 minutes de plus, puis saupoudrez d'herbes et servez.

Conseil

Décongélation

- Si dans un récipient approprié, décongeler aux micro-ondes, puis réchauffer aux micro-ondes jusqu'à ce qu'il soit très chaud. Sinon, décongeler au réfrigérateur pendant la nuit et réchauffer dans une cocotte à 160 ° C / 140 ° C ventilateur / gaz 3 pendant 30 à 40 minutes jusqu'à ce qu'il soit très chaud.

Congélation

- Le ragoût peut être congelé jusqu'à 2 mois. Congelez-le en portions de différentes tailles pour mieux convenir à votre foyer. La meilleure façon de congeler le ragoût est dans des récipients en plastique allant aux micro-ondes qui peuvent être décongelés et chauffés directement à la micro-onde. Vous pouvez également utiliser des sacs de congélation - mais il est préférable de les congeler assis dans un bol en cas de déversement. Étiquetez toujours chaque contenant avec le nom du plat, la date à laquelle il a été cuit et la quantité de portions qu'il contient.

Bouillon de dinde

Préparation: 10 minutes / Cuisson: 40 minutes

Ingrédients

- 1 carcasse de dinde, viande retirée
- 2 oignons, hachés
- 2 carottes, hachées
- 2 branches de céleri, hachées
- 1 cuillère à café de grains de poivre noir
- 3 brins de thym
- 1 feuille de laurier

Méthode

1. Mettez tous les ingrédients dans une grande marmite ou dans votre plus grande casserole et ajoutez 2 litres d'eau. Ajoutez plus d'eau pour couvrir tous les ingrédients si nécessaire.
2. Porter à ébullition à feu vif, en enlevant la mousse qui apparaît sur le dessus du liquide avec une cuillère. Réduire à feu moyen, puis laisser mijoter à moitié couvert pendant 3 heures - le bouillon aura réduit et concentré ses saveurs. Ou, si vous préférez un bouillon plus léger, couvrez-le entièrement en mijotant.
3. Éteignez le feu et laissez refroidir pendant quelques minutes, puis filtrez soigneusement dans un récipient ou un bol pour refroidir complètement. Se conserve au réfrigérateur pendant une semaine et pendant trois mois au congélateur.

Jarrets d'agneau vietnamiens aux patates douces

Préparation: 20 min / Cuisson: 3 h

Ingrédients

- 2 cuillères à soupe d'huile d'arachide
- 4 jarrets d'agneau d'environ 350g chacun
- 2 oignons, coupés en deux et coupés en demi-lunes
- 2 cuillères à soupe de gingembre frais haché finement
- 3 gousses d'ail, tranchées finement
- 2 piments rouges, tous deux épépinés, un haché et un finement tranché
- 1 cuillère à soupe de cassonade, plus 1 cuillère à café
- 3 anis étoilé
- 2 tiges de citronnelle, feuilles extérieures dures enlevées, puis meurtries
- 1,2l de bouillon d'agneau
- 1½ cuillère à soupe de purée de tomates
- 4 patates douces, pelées et coupées en gros morceaux
- 2 cuillères à soupe de sauce de poisson
- jus de 2 limes
- grosse poignée de feuilles de menthe, déchirées
- poignée de feuilles de basilic

Méthode

1. Chauffer le four à 160C / 140C ventilateur / gaz 3. Chauffer 1 cuillère à soupe d'huile dans une casserole à fond épais, assaisonner les jarrets, puis les faire dorer 2 à la fois de tous les côtés, en ajoutant l'huile restante pour le deuxième lot. Retirez l'agneau et ajoutez les oignons. Faites-les frire assez vivement, environ 30 secondes, ajoutez le gingembre, l'ail et le piment haché, puis baissez le feu et laissez cuire 1 min. Ajouter 1 cuillère à soupe de sucre, remuer, puis ajouter la badiane, la citronnelle, le bouillon, la purée et l'assaisonnement. Porter à ébullition.
2. Couvrir et cuire au four pendant 1h30, puis ajouter les patates douces et cuire 1 heure de plus. L'agneau doit être complètement tendre et tomber presque des os. Incorporer la sauce de poisson, le jus de citron vert et 1 cuillère à café de sucre pour rehausser la saveur, puis parsemer de menthe, de basilic et de piment émincé pour servir.

Conseil

- Cela gèle bien. Décongelez complètement avant de chauffer sur la cuisinière et ajoutez le jus de citron vert et les herbes juste avant de servir.

Biscuits américains au macadamia et aux canneberges

Préparation: 20 minutes / Cuisson: 12 minutes

Ingrédients

- 3 barres de chocolat blanc de 200 g / 7 oz, hachées
- 200g de beurre
- 2 œufs
- 100g de sucre moscovade léger
- 175g de sucre en poudre doré
- 2 cuillères à café d'extrait de vanille
- 350g de farine tout usage
- 2 cuillères à café de levure chimique
- 1 cuillère à café de cannelle
- 100g de canneberges séchées
- 100g de noix de macadamia, hachées

Méthode

1. Chauffer le four à 180C / 160C ventilateur / gaz 4. Faire fondre 170g de chocolat, puis laisser refroidir. Incorporer le beurre, les œufs, les sucres et la vanille, de préférence au fouet à main électrique, jusqu'à consistance crémeuse. Incorporer la farine, la levure chimique, la cannelle et les canneberges avec les deux tiers du chocolat et des macadamia restants, pour obtenir une pâte ferme.
2. À l'aide d'une cuillère à soupe ou d'une petite cuillère à glace, déposez de petits monticules sur un grand plat allant au four, en les espaçant bien, puis introduisez le chocolat, les noix et les baies réservés. Cuire au four par lots pendant 12 minutes jusqu'à ce qu'ils soient dorés pâles, laisser durcir pendant 1 à 2 minutes, puis laisser refroidir sur une grille.
3. Pour congeler, congeler les cuillères de pâte à biscuits crues sur des plaques à pâtisserie; lorsqu'ils sont solides, mettez-les dans un contenant de congélation, en intercalant les couches avec du papier sulfurisé. Utiliser dans les 3 mois. Cuire au four congelé pendant 15 à 20 minutes.

Conseil

- Biscuits aux noisettes et raisins secs
- Faire comme ci-dessus, avec 280g de farine, en remplaçant le chocolat blanc pour le chocolat noir et les macadamia et canneberges pour les noisettes et les raisins secs. Versez de l'eau bouillante sur les raisins secs et laissez-les gonfler un peu, puis séchez complètement - cela les empêche d'être trop durs et de s'accrocher au four.

Saucisses Glamorgan

Préparation: 30 minutes / Cuisson: 20 minutes

Ingrédients

- 50g de beurre
- 2 gros poireaux, tranchés
- 400g de chapelure fine blanche fraîche
- 2 cuillères à café de feuilles de thym
- 4 gros œufs, séparés
- 400g de Caerphilly ou cheddar fort mûr, finement râpé

- 1 cuillère à soupe de moutarde à l'ancienne ou de moutarde de Dijon ou 2 cuillères à café de moutarde anglaise
- 50g de farine ordinaire, pour saupoudrer
- 100 ml d'huile végétale pour la friture, plus un petit supplément si nécessaire

Méthode

1. Faire fondre le beurre dans une poêle à feu moyen jusqu'à ce qu'il mousse, puis faire revenir les poireaux avec une pincée de sel pendant 5 à 10 minutes jusqu'à ce qu'ils soient tendres. Laisser refroidir légèrement.

2. Mettre 200g de chapelure molle, le thym, les jaunes d'œufs, le fromage, la moutarde et un généreux broyage de poivre dans un bol et bien mélanger. Incorporer les poireaux frits et le beurre restant dans la poêle. Assaisonnez de sel et mélangez bien avec vos mains.

3. Mouler le mélange en 12 saucisses (diviser et peser pour plus de précision si vous le souhaitez). Vous pouvez trouver des mains humides qui vous aident, en vous nettoyant les mains de temps en temps pour les empêcher de coller. Transférer sur une plaque à pâtisserie tapissée de papier sulfurisé et congeler pendant 10 minutes jusqu'à fermeté, ou réfrigérer 30 minutes au réfrigérateur.

4. Pendant que les saucisses se raffermissent, fouettez les blancs d'œufs dans un bol peu profond avec une pincée de sel jusqu'à ce qu'ils soient légèrement mousseux. Mettez la farine et une partie de la chapelure restante dans des assiettes séparées.

5. Saupoudrez les saucisses fraîches et fermes dans la farine, puis trempez-les dans le blanc d'œuf et roulez-les dans la chapelure. Remplissez l'assiette de chapelure au besoin. Réfrigérez pendant au moins 1 heure et jusqu'à 24 heures avant de faire frire.

6. Chauffer le four à 180 ° C / 160 ° C ventilateur / gaz 4. Chauffer l'huile dans une poêle antiadhésive à feu moyen-élevé. Faites frire les saucisses par lots, en les retournant doucement toutes les minutes, pendant 4 à 6 minutes, jusqu'à ce qu'elles soient dorées et croustillantes de partout. Ajoutez un peu plus d'huile entre les lots si nécessaire. Transférer sur une plaque à pâtisserie et cuire 10 min. Si vous congelez les saucisses, une fois qu'elles sont dorées, transférez-les dans un plateau et laissez refroidir pendant quelques minutes, puis congelez-les à découvert (à découvert) jusqu'à ce qu'elles soient solides et transférez-les dans des contenants à l'épreuve du congélateur. Se conservera congelé jusqu'à trois mois. Cuire à l'état congelé au four pendant 25 minutes jusqu'à ce qu'il soit très chaud.

Soupe de mouton au beurre d'arachide

Préparation: 15 minutes / Cuisson: 3 h

Ingrédients

- 2 cuillères à soupe d'huile végétale
- 400g d'épaule de mouton coupée en gros morceaux
- 1 cuillère à soupe de graines d'anis
- 100g de gingembre
- 6 gousses d'ail
- 2 échalotes
- 1 tasse de bouillon de poulet
- 1 gros oignon, haché
- 2 cuillères à soupe de purée de tomates
- 2 gros poivrons et 1 piment Scotch Bonnet, mélangés au robot culinaire
- 2 cuillères à soupe de beurre d'arachide
- 1 cuillère à café de clou de girofle moulu, grillé dans une poêle à frire sèche
- 1 cuillère à café de grains moulus de Selim (ou Uda, voir astuce ci-dessous)
- 1 cuillère à café de poudre de dawadawa (haricots de caroube africains fermentés, voir astuce ci-dessous)
- Pression de jus de citron

Méthode

1. Chauffer le four à 190C / 170C ventilateur / gaz 5. Chauffer l'huile dans une poêle à feu moyen jusqu'à ce qu'elle soit très chaude, puis faire revenir les morceaux de mouton jusqu'à ce qu'ils soient dorés (il est préférable de le faire par lots), puis transférer dans un plat allant au four.
2. Mélangez l'anis, le gingembre, l'ail et les échalotes dans un robot culinaire jusqu'à consistance lisse, puis versez sur la viande avec 800 ml de bouillon de poulet. Couvrir et cuire au four pendant 90 min.
3. Pendant ce temps, faites revenir l'oignon pendant 5 minutes dans la poêle avec laquelle vous avez fait frire la viande, à feu doux, jusqu'à ce qu'il soit ramolli et translucide. Ajouter la purée de tomates et cuire encore 5 minutes, puis les poivrons et cuire encore 7 minutes.
4. Mélangez le beurre d'arachide avec le bouillon restant, puis versez-le dans le mélange d'oignon et de poivre. Incorporer les clous de girofle grillés et les grains de Selim et cuire 5 minutes de plus.
5. Après que la viande ait été au four pendant 90 minutes, ajoutez le mélange de beurre d'arachides poivrées et le dawadawa. Remettre au four et cuire encore 60 minutes ou jusqu'à ce que la viande soit très tendre. Assaisonner et presser un peu de jus de citron. Servir avec du riz, du couscous ou de la purée de pommes de terre.

Poulet piment avec viande

Préparation: 15 minutes / Cuisson: 1 h

Ingrédients

- 2 cuillères à soupe d'huile d'olive
- 1 oignon, tranché
- 2 poivrons mélangés, tranchés (utilisez des poivrons rouges, jaunes ou orange)
- 2 grosses gousses d'ail écrasées
- 1 petit bouquet de coriandre, tiges finement hachées et feuilles grossièrement hachées
- ½ cuillère à soupe de coriandre moulue
- 1 cuillère à soupe de cumin moulu
- 1-2 cuillères à café de pâte de chipotle
- 400g de tomates hachées
- 1 cuillère à soupe de purée de tomates
- 300 ml de bouillon de poulet
- 1 petit bâton de cannelle
- 4 cuisses de poulet, avec os
- 400g de haricots noirs
- 400g de haricots rouges égouttés
- 1 cuillère à soupe de vinaigre de vin rouge
- 20g de chocolat noir (au moins 70% de cacao)
- riz cuit ou chips de tortilla
- guacamole et crème sure (facultatif)

Méthode

1. Chauffer l'huile dans une cocotte à feu moyen et faire revenir l'oignon et les poivrons pendant 10 à 12 minutes ou jusqu'à ce qu'ils soient ramollis. Ajouter l'ail, les tiges de coriandre, la coriandre moulue, le cumin et la pâte de chipotle et faire revenir 2 minutes de plus. Versez les tomates, la purée de tomates et le bouillon, puis ajoutez le bâton de cannelle. Incorporer les cuisses de poulet dans le mélange, puis réduire le feu à doux et laisser mijoter, couvert, pendant 45 minutes ou jusqu'à ce que le poulet soit tendre. Retirer le poulet de la cocotte et transférer sur une planche à découper, puis déchiqueter la viande de l'os à l'aide de deux fourchettes.

2. Remettre le poulet râpé dans la poêle, puis verser les haricots noirs avec le liquide de la boîte, les haricots rouges égouttés, le vinaigre et le chocolat. Bien mélanger pour combiner tous les ingrédients et faire fondre le chocolat, puis baisser le feu à moyen et laisser mijoter, à découvert, pendant 10 à 15 minutes ou jusqu'à ce que le mélange ait légèrement épaissi.

3. Retirez le bâton de cannelle, assaisonnez au goût et remuez bien la plupart ou toutes les feuilles de coriandre (vous pouvez réserver quelques feuilles pour les disperser à la fin, si vous le souhaitez). Servir le piment avec du riz ou des croustilles de tortilla, garnis de guacamole et de crème sure, le cas échéant, et parsemer sur la coriandre restante.

Tarte au poisson au fromage et au chou frisé

Préparation: 10 minutes / Cuisson: 45 minutes

Ingrédients

- 200g de pommes de terre Maris Piper, coupées en morceaux
- 1 cuillère à soupe de beurre
- 1 cuillère à soupe de farine
- 200 ml de lait entier, plus 1 cuillère à soupe
- ½ cuillère à café de moutarde de Dijon
- 100g de cheddar, gruyère ou emmental râpé

- 200g de mélange pour tarte au poisson (nous avons utilisé un mélange de saumon, d'aiglefin et de crevettes)
- 50g de petits pois surgelés
- 50g de chou frisé râpé
- 1 oignon nouveau, tranché finement
- 1 cuillère à soupe de parmesan, finement râpé
- salade verte, pour servir (facultatif)

Méthode

1. Versez les pommes de terre dans une casserole, couvrez d'eau chaude de la bouilloire et ajoutez une pincée de sel. Laisser mijoter pendant 15 à 20 minutes jusqu'à tendreté, puis égoutter et laisser sécher à la vapeur.
2. Pendant ce temps, faites chauffer le beurre dans une poêle à fond épais à feu doux. Ajoutez la farine et remuez jusqu'à obtenir une pâte. Incorporer progressivement 200 ml de lait jusqu'à obtenir une sauce blanche épaisse. Laisser mijoter 3-4 minutes en remuant. Assaisonner, puis incorporer la moutarde et la moitié du fromage et continuer à remuer jusqu'à ce que le fromage soit fondu. Incorporez le poisson, les pois et le chou frisé et faites cuire 8 minutes de plus, ou jusqu'à ce que le chou frisé flétrisse, que le poisson soit juste cuit et que les crevettes commencent à devenir roses.
3. Chauffer le gril à feu moyen-vif. Écrasez les pommes de terre avec l'oignon nouveau et 1 cuillère à soupe de lait. Incorporer le reste du fromage et bien assaisonner.
4. Versez la garniture dans un plat résistant à la chaleur et déposez la purée au fromage dessus, en la faisant tourner avec une fourchette jusqu'à ce que la garniture soit complètement couverte. Saupoudrer de parmesan et griller 10 à 15 minutes jusqu'à ce que la tarte soit dorée et bouillonnante. Servir avec une salade verte, si vous le souhaitez. La tarte non cuite, bien couverte dans le plat, se conservera au congélateur jusqu'à trois mois.

Conseil

- Croquettes de poisson à la tarte au poisson
- Écrasez ensemble les restes de tarte au poisson froid. Façonnez-les en gâteaux, puis trempez-les dans la farine, l'œuf et la chapelure pour les enrober. Faites frire jusqu'à ce qu'elles soient dorées et servez.

Bolognaise

Préparation: 25 minutes / Cuisson: 1 h 30 minutes

Ingrédients

- 4 cuillères à soupe d'huile d'olive
- 6 tranches de bacon fumé, hachées
- 4 oignons, hachés finement
- 3 carottes, hachées finement
- 4 branches de céleri, hachées finement
- 8 gousses d'ail écrasées
- 2 cuillères à soupe d'herbes séchées mélangées
- 2 feuilles de laurier

- 500g de champignons tranchés
- 1½ kg de bœuf haché maigre (ou utiliser un demi-bœuf, un demi-porc haché)
- 6 boîtes de 400g de tomates hachées
- 6 cuillères à soupe de purée de tomates
- grand verre de vin rouge (facultatif)
- 4 cuillères à soupe de vinaigre de vin rouge
- 1 cuillère à soupe de sucre
- Parmesan, pour servir

Méthode

1. Faites chauffer l'huile dans une très grande casserole. Cuire doucement le bacon, les oignons, les carottes et le céleri pendant 20 minutes jusqu'à ce qu'ils soient dorés. Ajouter l'ail, les herbes, la baie et les champignons, puis cuire 2 minutes de plus.
2. Chauffer une grande poêle à frire jusqu'à ce qu'elle soit vraiment chaude. Émietter juste assez de viande hachée pour couvrir la poêle, cuire jusqu'à ce qu'elle soit dorée, puis verser avec les légumes. Continuez à faire frire le hachis par lots jusqu'à épuisement. Versez les tomates et réduisez-les en purée avec le hachis et les légumes. Rincez les boîtes avec le vin rouge, si vous en avez, ou avec un peu d'eau, puis ajoutez-les dans la casserole avec le vinaigre et le sucre. Assaisonner généreusement et porter à ébullition. Laisser mijoter lentement pendant 1 h jusqu'à ce qu'il soit épais et croustillant et que le hachis soit tendre. Servir avec des pâtes et du parmesan.

Conseil

- **Haché marocain**
  Utilisez de l'agneau haché au lieu du bœuf, remplacez les herbes mélangées par 2 cuillères à soupe de cannelle et de cumin moulus et utilisez 2 poignées d'abricots secs au lieu de champignons.
- **Cuire à la bolognaise Faites**
  Bouillir 2 kg de pommes de terre jusqu'à ce qu'elles soient tendres, égouttez-les, puis écrasez-les avec 100 g de beurre et 100 g de fromage râpé. Répartir la viande hachée entre 2 grands plats de cuisson et garnir de purée. Cuire au four à 200C / 180C ventilateur / gaz 6 jusqu'à ce que doré et bouillonnant.

Fagots avec sauce aux oignons

Préparation: 30 minutes / Cuisson: 1 h 30 minutes

Ingrédients

- peu d'huile, pour l'étain
- Paquet de 170g de mélange à farce à la sauce et à l'oignon
- Paquet de 500g d'épaule de porc coupée en dés
- 300g de foie de porc
- ½ cuillère à café de masse moulue
- 2 oignons, tranchés finement
- 1 cuillère à soupe d'huile de tournesol
- 2 cuillères à café de sucre
- 1 cuillère à soupe de vinaigre de vin rouge
- 3 cuillères à soupe de farine tout usage
- 850 ml de bouillon de bœuf
- une poignée de persil haché
- purée et légumes, pour servir (facultatif)

Méthode

1. Chauffer le four à 160C / 140C ventilateur / gaz 3. Huiler légèrement un très grand plat à rôtir. Versez le mélange à farce dans un grand bol, ajoutez 500 ml d'eau bouillante, remuez et réservez.

2. Mélangez le porc au robot culinaire jusqu'à ce qu'il soit finement haché. Ajouter le foie et battre à nouveau. Ajouter à la farce avec la masse, 1 cuillère à café de sel et beaucoup de poivre noir. Bien mélanger. Façonnez le mélange (il sera très doux) en 24 grands fagots et mettez-les dans le moule préparé.

3. Pour faire la sauce, faites revenir les oignons dans l'huile jusqu'à ce qu'ils commencent à dorer. Ajouter le sucre et poursuivre la cuisson en remuant fréquemment jusqu'à ce qu'il soit caramélisé. Versez le vinaigre et laissez grésiller. Mélangez la farine avec quelques cuillères à soupe d'eau. Versez le bouillon dans les oignons, puis ajoutez la pâte de farine et faites cuire, en remuant constamment, jusqu'à consistance lisse et commence à épaissir. Quand il est épais, verser dans le moule avec les fagots, couvrir de papier d'aluminium et cuire 1 h jusqu'à ce qu'il soit bien cuit. Servir parsemé de persil, avec de la purée et un légume, si vous le souhaitez.

Conseil

- **Pour congeler**
  Emballez les portions refroidies des fagots cuits au four pour deux dans des plateaux de congélation en aluminium ou dans un récipient recouvert de papier d'aluminium. Utiliser dans les 3 mois. Cuire à partir de congelé à 200 ° C / 180 ° C ventilateur / gaz 6 pendant 45 à 60 minutes jusqu'à bouillonnement chaud.

Casserole de haricots au piment et purée de crème sure

Préparation: 20 minutes / Cuisson: 1 h 20 minutes

Ingrédients

- 2 oignons, hachés
- 1 cuillère à soupe d'huile d'olive
- 2 cuillères à café de cumin moulu et de thym séché
- 2 cuillères à soupe de poudre de piment doux
- 1kg de bœuf haché maigre
- 2 boîtes de 400g de tomates hachées
- 2 boîtes de 400g de haricots rouges, rincés et égouttés
- 2 boîtes de 330 g de maïs doux, égoutté

- 3 poivrons mélangés, coupés en morceaux
- 2 cuillères à soupe de vinaigre de vin blanc ou rouge
- 2 cuillères à soupe de cassonade
- 1 cube de bouillon de bœuf
- 1,8 kg de pommes de terre, coupées en gros morceaux
- 300 ml de crème sure en pot
- 2 petits bouquets de ciboulette ciselée
- 100g de cheddar râpé

Méthode

1. Faites frire les oignons dans l'huile dans une grande casserole profonde jusqu'à ce qu'ils soient tendres. Incorporer les épices et cuire 2 minutes, jusqu'à ce qu'elles soient parfumées. Émiettez le hachis par lots et faites-le frire en le brisant avec une cuillère en bois, jusqu'à ce que toute la viande soit dorée.

2. Incorporer les tomates hachées, les haricots, le maïs doux, les poivrons, le vinaigre et le sucre. Émietter dans le cube de bouillon, verser sur 500 ml d'eau puis porter à ébullition. Couvrir et laisser mijoter pendant 20 minutes, puis découvrir et laisser mijoter pendant 20 minutes de plus jusqu'à ce que le hachis et les poivrons soient tendres et croustillants.

3. Pendant ce temps, préparez la purée. Faire bouillir les pommes de terre dans beaucoup d'eau bouillante salée jusqu'à ce qu'elles soient tendres, environ 15 minutes. Bien égoutter, laisser sécher à la vapeur dans la passoire pendant 1 min, puis retourner dans la casserole et écraser avec la crème sure. Assaisonner et incorporer la ciboulette.

4. Lorsque le chili haché est cuit, versez-le dans 1, 2 ou des plats individuels allant au four. Verser ou passer la purée à la cuillère et parsemer sur le fromage. Refroidissez complètement si vous en congelez à ce stade, ou si vous voulez manger tout de suite, chauffez le four à 220C / 200C ventilateur / gaz 7 et faites cuire pendant 25-30 minutes jusqu'à ce qu'il bouillonne et soit doré.

Conseil

- **Cuire à partir de la congélation**
  Couvrir avec du papier d'aluminium et cuire au four à 180 ° C / 160 ° C ventilateur / gaz 4 pendant 1 heure 45 minutes. Retirer le papier d'aluminium, monter le four à 220 ° C / 200 ° C ventilateur / gaz 7 et cuire encore 30 minutes jusqu'à ce qu'il soit très chaud au milieu. Ou décongeler complètement, puis cuire selon la recette, mais ajouter 10 minutes supplémentaires au temps de cuisson.

Steaks balsamiques avec quartiers de poivre

Préparation: 10 minutes / Cuisson: 25 minutes

Ingrédients

- 2 cuillères à soupe de vinaigre balsamique
- 2 cuillères à café de bouillon de bœuf liquide concentré
- 3 gousses d'ail finement râpées
- 1 cuillère à soupe de moutarde à l'ancienne
- 1 cuillère à soupe de miel clair
- 2 cuillères à soupe d'huile d'olive, plus un supplément pour le brossage
- 6 steaks de surlonge d'environ 5 cm d'épaisseur

- salade ou petits pois, pour servir (facultatif)
- 1½ kg de pommes de terre moyennes, telles que King Edward, coupées en quartiers
- 3 cuillères à soupe d'huile de tournesol, plus un supplément pour le graissage
- 1 cuillère à soupe de feuille de thym
- 2 cuillères à café de grains de poivre vert, écrasés

Méthode

1. Mélanger le vinaigre, le bouillon, l'ail, la moutarde, le miel et l'huile d'olive dans un grand bol peu profond, puis moudre dans du poivre noir, mais sans sel. Ajouter les steaks et retourner pour enrober. Laisser mariner au réfrigérateur pendant 1 h, ou de préférence toute la nuit.

2. Chauffer le four à 200C / 180C ventilateur / gaz 6. Mélanger les pommes de terre dans un grand bol avec l'huile, le thym et les grains de poivre. Répartir sur 2 plaques à pâtisserie graissées et cuire au four pendant 10 à 15 minutes jusqu'à ce que les pommes de terre soient presque cuites. Retirer et laisser refroidir.

3. Congelez les coins jusqu'à ce qu'ils soient solides, puis emballez-les dans un grand récipient rigide en couches, en les intercalant avec du papier d'aluminium. Emballez individuellement les steaks dans des sacs de congélation - assurez-vous qu'ils reposent complètement à plat lorsque vous les mettez au congélateur. Utiliser dans un délai d'un mois.

4. Pour servir, chauffer le four à 220C / 200C ventilateur / gaz 7, avec une plaque à pâtisserie à l'intérieur pour réchauffer les steaks. Mettez les quartiers sur une autre grande plaque à pâtisserie, étalez-les et assaisonnez. Cuire au four pendant 20 minutes jusqu'à ce qu'elles soient dorées et croustillantes. Déballez les steaks et badigeonnez les deux côtés d'huile. Presser sur le plateau chaud et cuire au four pendant 15 à 25 minutes, en retournant après 10 minutes et en testant jusqu'à ce qu'il soit chaud, pour vous donner un steak moyennement saignant. Servir avec les quartiers et la salade ou les petits pois, si vous le souhaitez.

Conseil

- **Cuisson à partir de produits frais**
  Pour cuire ces steaks à partir de produits frais, ils peuvent être poêlés ou grillés pendant 10 à 15 minutes. Cuire les pommes de terre à 220 ° C pendant 30 minutes jusqu'à ce qu'elles soient croustillantes et dorées.

Saumon crémeux à la ratatouille en morceaux

Préparation: 15 minutes / Cuisson: 1 h 20 minutes

Ingrédients

- 1 cuillère à soupe d'huile d'olive
- 2 aubergines, coupées en cubes
- 6 gousses d'ail, tranchées
- poivrons mélangés (5 au total), épépinés et coupés en gros morceaux
- 3 grosses courgettes, coupées en gros bâtonnets
- 680g de passata en bouteille
- 300 ml de bouillon de légumes
- petite poignée de feuilles de basilic, la plupart hachées, quelques feuilles entières pour servir
- 125g de fromage à la crème à l'ail (nous avons utilisé du Boursin Light)
- 100g de fromage à la crème faible en gras
- 40g de chapelure fraîche
- 40g de pignons de pin hachés grossièrement
- 8 filets de saumon sans peau
- pain croustillant, pour servir (facultatif)

Méthode

1. Faites chauffer l'huile dans un grand wok ou une poêle antiadhésive, ajoutez les aubergines et faites cuire 5 min en remuant jusqu'à ce qu'elles commencent à ramollir et à dorer. Ajouter l'ail et remuer pendant quelques secondes. Versez les poivrons, les courgettes, la passata, le bouillon et la moitié du basilic haché. Assaisonner, couvrir et cuire 20 minutes, en remuant de temps en temps, jusqu'à ce que les légumes soient justes tendres. Laisser refroidir, incorporer le basilic restant et déposer à la cuillère dans 8 plats peu profonds allant au four ou dans des contenants en aluminium.

2. Pour le saumon, battez ensemble les fromages. Mélangez la chapelure et les pignons de pin dans une assiette. Tartiner le dessus des filets de poisson avec le mélange de fromage, puis tremper dans les miettes de noisette pour enrober le fromage. Déposer un filet sur chaque plat rempli de ratatouille.

3. Mettez la vaisselle dans des sacs de congélation et fermez-la. Utiliser dans les 6 semaines. Pour servir, déballer les plats, mettre sur une plaque à pâtisserie dans un four froid, puis régler à 200C / 180C ventilateur / gaz 6. Cuire au four pendant 55 minutes jusqu'à ce que le poisson bouillonne et que le poisson soit cuit. Vérifiez après 30 minutes - si les miettes deviennent trop dorées, couvrez le poisson de papier d'aluminium. Servir parsemé de basilic, avec du pain, si vous le souhaitez.

Conseil

- **Pour cuisiner à partir de frais**
  Si vous souhaitez cuisiner ce plat tout de suite. Mettez-le dans un four préchauffé pendant 15 minutes au lieu de le congeler.

Gâteau aux carottes

Préparation: 1 h 15 minutes / Cuisson:

Ingrédients

- 175 g de sucre muscovado léger
- 175 ml d'huile de tournesol
- 3 gros œufs, légèrement battus
- 140g de carottes râpées (environ 3 moyennes)
- 100g de raisins secs
- le zeste râpé d'une grosse orange
- 175g de farine auto-levante
- 1 cuillère à café de bicarbonate de soude
- 1 cuillère à café de cannelle moulue
- ½ cuillère à café de muscade râpée (fraîchement râpée vous donnera la meilleure saveur)
- 175 g de sucre glace
- 1½-2 c. À soupe de jus d'orange

Méthode

1. Préchauffer le four à 180 ° C / gaz 4 / ventilateur 160 ° C. Huiler et tapisser la base et les côtés d'un moule à gâteau carré de 18 cm de papier sulfurisé. Le moyen le plus simple de le faire est de couper deux longues bandes de la largeur de l'étain et de placer chaque bande en travers, couvrant la base et les côtés de l'étain, avec une double couche dans la base.
2. Versez le sucre dans un grand bol, versez l'huile et ajoutez les œufs. Mélangez légèrement avec une cuillère en bois. Incorporer les carottes râpées, les raisins secs et le zeste d'orange.
3. Mélanger la farine, le bicarbonate de soude et les épices, puis tamiser dans le bol. Mélangez légèrement tous les ingrédients - lorsque tout est uniformément mélangé, arrêtez de mélanger. Le mélange sera assez doux et presque liquide.
4. Versez le mélange dans le moule préparé et faites cuire au four pendant 40 à 45 minutes, jusqu'à ce qu'il soit ferme et élastique lorsque vous appuyez dessus au centre. Laisser refroidir dans le moule pendant 5 minutes, puis démouler, décoller le papier et laisser refroidir sur une grille. (Vous pouvez congeler le gâteau à ce stade.)
5. Battre ensemble les ingrédients du glaçage dans un petit bol jusqu'à consistance lisse - vous voulez que le glaçage soit à peu près aussi liquide que de la crème seule. Placez le gâteau sur une assiette de service et arrosez le glaçage audacieusement d'avant en arrière en diagonales sur le dessus, en le laissant couler sur les côtés.

Pâtés au bœuf et cornichons

Préparation: 50 minutes / Cuisson: 1 h 05 minutes

Ingrédients

- Paquet de 500g de jupe de bœuf ou de steak de palet, haché fin
- 2 oignons, hachés
- 2 pommes de terre moyennes, coupées en deux dans le sens de la longueur et tranchées
- 250g de suédois, coupés en dés
- 8 cuillères à soupe de cornichon
- 200g de beurre, coupé en dés
- 100g de saindoux, coupé en dés
- 600g de farine ordinaire, plus un supplément pour saupoudrer
- 1 gros œuf battu avec 2 cuillères à soupe de lait

Méthode

1. Pour faire la pâte, frottez le beurre, le saindoux et 1 cuillère à café de sel dans la farine du bout des doigts, ou mélangez dans un robot culinaire. Incorporer 8 cuillères à soupe d'eau froide pour obtenir une pâte ferme. Couper en 8, couvrir d'un film plastique et réfrigérer 20 min.
2. Chauffer le four à 220C / 200C ventilateur / gaz 7. Mélanger le bœuf, les oignons, les pommes de terre, le rutabaga, 1 cuillère à soupe de poivre noir et 1 cuillère à café de sel. Abaisser chaque morceau de pâte sur une surface légèrement farinée pour faire un rond d'environ 20 cm de diamètre. Utilisez une assiette ou une base de moule à gâteau pour couper la forme.
3. Emballez un huitième du mélange de bœuf au centre de chaque tour de pâte, en laissant une marge à chaque extrémité, puis garnissez d'une bonne cuillerée de cornichon. Badigeonner tout le pourtour de la pâte avec une partie de l'œuf battu, puis étirer soigneusement la pâte de chaque côté pour qu'elle se rejoigne en haut, et pincer pour sceller.
4. Soulevez les pâtés sur 2 plaques à pâtisserie antiadhésives, badigeonnez d'œuf et faites cuire 10 min. Réduire ensuite le four à 180 ° C / 160 ° C ventilateur / gaz 4 et cuire encore 45 à 55 minutes jusqu'à ce qu'il soit doré.

Conseil

- **Congeler cuit au four ou non cuit**
  Pour congeler, envelopper dans un film plastique et mettre dans un récipient pour éviter que les pâtés ne soient écrasés, et congeler jusqu'à 3 mois. Décongeler au réfrigérateur s'il est déjà cuit, ou cuire au four comme indiqué, en ajoutant 10 minutes de temps de cuisson supplémentaire.

Tarte au poisson

Préparation: 40 minutes / Cuisson: 55 minutes

Ingrédients

- 1½ kg de pommes de terre, coupées en morceaux
- 50g de beurre
- 1½ l de lait entier
- 800g de poisson blanc sans peau
- 600g de filet d'aiglefin fumé sans peau
- 1 oignon, coupé en quartiers
- 2 feuilles de laurier
- 1 tasse de beurre
- 140g de farine tout usage
- muscade, pour assaisonner
- petit bouquet de persil, feuilles seulement, haché finement
- 200g de crevettes cuites et pelées
- 6 œufs durs et coupés en quartiers (seulement 3 œufs si vous congelez une des tartes, car les œufs ne peuvent pas être congelés)

Méthode

1. Laisser mijoter les pommes de terre environ 20 minutes jusqu'à ce qu'elles soient tendres, puis égoutter et écraser avec la majeure partie du beurre, beaucoup d'assaisonnement et un peu de lait. Assaisonner et réserver.
2. Pendant ce temps, coupez le poisson en cubes de 2 cm. Faites mijoter le lait dans une grande poêle - lorsque vous voyez quelques petites bulles, ajoutez le poisson, l'oignon et les feuilles de laurier, puis couvrez et laissez cuire pendant 6 à 8 minutes. Soulevez le poisson sur une assiette et filtrez le lait dans une cruche.
3. Faire fondre le beurre dans une casserole, incorporer la farine et cuire 1 min à feu moyen. Retirer du feu, verser un peu de lait à pocher, puis remuer jusqu'à homogénéité. Continuez à ajouter le lait progressivement, en mélangeant bien jusqu'à ce que vous ayez une sauce onctueuse. Remettre sur le feu, porter à ébullition, puis laisser mijoter 5 min en remuant continuellement jusqu'à ce qu'il recouvre le dos d'une cuillère. Retirer du feu, assaisonner de sel, poivre et muscade, puis incorporer le persil.
4. Chauffer le four à 200C / 180C ventilateur / gaz 6. Répartir le poisson dans 2 plats allant au four, environ 1,3 litre chacun et filtrer le jus dans la sauce. Parsemez les crevettes, puis ajoutez les œufs aux deux plats si vous les mangez tout de suite, ou à un seul plat si vous congelez l'autre. Versez la sauce sur les deux. Répartir la moitié de la purée sur un plat pour qu'elle recouvre tout, en s'assurant qu'elle

atteigne les côtés. Égouttez le dessus avec une fourchette et parsemez du beurre restant. Cuire au four 30 minutes jusqu'à ce que le dessus soit doré. Congelez le poisson restant et écrasez-le (voir les conseils ci-dessous).

Conseil

- **Conseils de congélation**
  Vous pouvez soit congeler la garniture et la purée séparément (dans des sacs de congélation, c'est bien) et ajouter l'œuf une fois la garniture décongelée. Ou, si vous ne voulez pas ajouter d'œuf, la tarte peut être congelée entière.

- **Cuisson à partir de congelés**
  Pour cuire, décongeler la garniture et écraser toute la nuit, puis assembler la tarte avec les œufs durs et cuire pendant 30 minutes. Vous pouvez également faire cuire une tarte entière congelée. Chauffer le four à 160 ° C / 140 ° C ventilateur / gaz 3, couvrir la tarte de papier d'aluminium et cuire 1h30 ou jusqu'à ce que vous puissiez facilement pousser un couteau à travers le mélange. Retirez le papier d'aluminium, tournez le four à 200 ° C / 180 ° C ventilateur / gaz 6 et laissez cuire 30 minutes de plus jusqu'à ce que le dessus soit doré et que la garniture soit bien chaude.

- **Rendez-le plus sain**
  Utilisez 3 feuilles de pâte filo froissée comme garniture plutôt que la purée et utilisez du lait demi-écrémé au lieu du lait entier. Si vous voulez réduire la teneur en sel, remplacez l'aiglefin fumé par un filet de saumon.

Lasagnes au fromage et bacon

Préparation: 35 minutes / Cuisson: 40 minutes

Ingrédients

- 3 gros oignons, coupés en deux et tranchés finement
- 3 cuillères à soupe d'huile d'olive
- 1 cuillère à café d'origan séché
- Paquet de 300g de bacon fumé maigre, haché
- 2 boîtes de 400g de tomates hachées dans un jus riche
- 20 feuilles de basilic, grossièrement déchirées, plus un supplément à servir si vous le souhaitez
- Paquet de 250g de lasagnes aux œufs frais (consultez le paquet pour les instructions de cuisson)
- 600 ml de lait
- 50g chacun de beurre et farine ordinaire
- noix de muscade fraîche râpée généreuse
- 50g de parmesan râpé

Méthode

1. Faites frire les oignons dans l'huile pendant environ 15 minutes jusqu'à ce qu'ils soient dorés. Ajouter l'origan et le bacon et faire revenir 5 minutes de plus, en remuant fréquemment. Versez les tomates, assaisonnez et faites bouillir à découvert pendant 5 min. Retirer du feu et incorporer le basilic.

2. Pendant ce temps, préparez la sauce blanche. Versez le lait dans une casserole et versez le beurre et la farine. Fouetter continuellement à feu moyen pour incorporer la farine, puis laisser mijoter en remuant jusqu'à épaississement. Assaisonner de sel, de poivre et de muscade.

3. Verser un tiers de la sauce tomate sur la base d'un plat à lasagnes. Garnir d'un tiers des feuilles de lasagnes. Garnir ensuite d'une troisième sauce, d'une troisième lasagne, du dernier de la sauce tomate et enfin des dernières feuilles de lasagne. Verser sur la sauce blanche et parsemer de fromage et d'une râpe supplémentaire de muscade. Froideur. Si vous mangez tout de suite, faites cuire à 190 ° C / 170 ° C ventilateur / gaz 5 pendant 40 minutes jusqu'à ce qu'ils soient dorés et bouillonnants. Saupoudrez de basilic, si vous le souhaitez, et servez avec une salade et du pain à l'ail.

4. Pour congeler, laisser refroidir complètement, puis envelopper dans un film alimentaire, puis en aluminium. Stockera pendant 3 mois. Pour servir, décongeler pendant 6 heures dans un endroit frais. Déballer et cuire à 190 ° C / 170 ° C ventilateur / gaz 5 pendant 50 à 60 minutes jusqu'à ce que le tout soit bien chauffé.

Lasagnes sans tracas

Préparation: 50 minutes / Cuisson: 1 h 40 minutes

Ingrédients

- 250g de mozzarella, égouttée et râpée
- 18-20 feuilles de lasagnes sans cuisson
- Bloc de 85g de parmesan râpé
- 3 cuillères à soupe d'huile d'olive
- 4 oignons, hachés finement
- 8 gousses d'ail écrasées
- 1 cuillère à soupe d'herbes séchées mélangées
- 2 feuilles de laurier
- 1kg de bœuf haché
- 4 boîtes de 400 g / 14 oz de tomates hachées
- 4 cuillères à soupe de ketchup
- petit verre de vin rouge (facultatif)
- 200g de beurre
- 140g de farine
- 1,7 l de lait
- quelques grilles de noix de muscade

Méthode

1. Préparez la sauce à la viande: faites chauffer l'huile dans une grande casserole et faites cuire doucement les oignons pendant 10 min jusqu'à ce qu'ils soient dorés. Ajouter l'ail, les herbes et le laurier, puis cuire 2 min de plus. Faites chauffer une grande poêle à frire. Émietter dans un quart du bœuf, cuire jusqu'à ce qu'il soit doré, puis ajouter aux oignons. Continuez à faire frire le bœuf par lots et ajoutez-le aux oignons jusqu'à ce que toute la viande soit épuisée. Versez les tomates et le ketchup avec les oignons et le bœuf. Rincez les canettes avec le vin rouge, si vous en avez, ou avec un peu d'eau, puis ajoutez-les dans la casserole. Assaisonner et porter à ébullition. Cuire doucement pendant 30 minutes jusqu'à ce qu'elle soit épaisse et croustillante, puis réserver.

2. Pendant ce temps, préparez la sauce blanche. Versez le tout dans une casserole, assaisonnez, puis portez à ébullition en fouettant continuellement. Ne vous inquiétez pas si c'est grumeleux - si vous fouettez suffisamment, la sauce se réunira. Laisser mijoter pendant 5 minutes, en fouettant, jusqu'à consistance lisse et épaissie, puis retirer du feu. Si vous ne l'utilisez pas tout de suite, couvrez d'un film plastique et mettez de côté.

3. Assurez-vous de tout répartir afin de pouvoir faire deux lasagnes. Déposer une fine couche de sauce à la viande dans un plat allant au four, arroser d'un peu de sauce blanche et parsemer d'un peu de

mozzarella. Couvrir d'une couche de feuilles de lasagnes, puis garnir de plus de deux sauces, plus de mozzarella et plus de feuilles de lasagnes. Répétez une fois de plus, puis recouvrez la couche supérieure de lasagnes avec juste une sauce blanche. Enfin, saupoudrez de parmesan. Les lasagnes peuvent maintenant être réfrigérées au réfrigérateur pendant une journée, prêtes à être cuites, ou congelées jusqu'à 3 mois - voir les conseils ci-dessous.

4. Pour cuire, chauffer le four à 200C / 180C ventilateur / gaz 6. Cuire de 35 à 40 minutes jusqu'à ce que le dessus soit brun et croustillant sur les bords. Laisser reposer 10 min avant de couper en carrés et de servir avec une salade verte et du pain à l'ail, si vous le souhaitez.

Conseil

- **Conseils de congélation: sauce**
  Vous pouvez préparer uniquement la sauce à la viande et la congeler dans des sacs. Cette sauce polyvalente peut être utilisée pour les spaghettis à la bolognaise, comme base pour la tarte au berger ou comme garniture pour les pommes de terre au four.

- **Conseils de congélation: congélation de lasagnes entières Couvrez**
  Simplement les lasagnes hermétiquement avec un film plastique et congelez-les à plat sans que rien ne repose dessus. Pour de meilleurs résultats, laissez décongeler pendant une journée au réfrigérateur, puis cuisez comme indiqué. Ou, pour cuire à partir de la congélation, chauffer le four à 160C / 140C ventilateur / gaz 3. Retirer le film alimentaire, couvrir de papier d'aluminium et cuire pendant 2 heures. Retirez le papier d'aluminium, augmentez la chaleur à 200C / 180C ventilateur / gaz 6, puis faites cuire 40 minutes de plus jusqu'à ce qu'elles soient dorées et croustillantes sur les bords.

- **Ajouter plus de légumes**
  Lorsque vous faites frire les oignons, ajoutez la carotte finement hachée, le céleri, la courgette, le poireau, le champignon émincé ou le poivron haché. 2. Flétrissez quelques épinards frais, pressez bien l'eau avec vos mains, hachez-la, puis dispersez-la dans les couches de sauce. 3. Répartir les tomates cerises dans les lasagnes au fur et à mesure que vous les assemblez.

Soupe de légumes italienne

Préparation: 15 minutes / Cuisson: 55 minutes

Ingrédients

- 2 de chacun d'oignons et de carottes, hachés
- 4 branches de céleri, hachées
- 1 cuillère à soupe d'huile d'olive
- 2 cuillères à soupe de sucre
- 4 gousses d'ail écrasées
- 2 cuillères à soupe de purée de tomates
- 2 feuilles de laurier
- quelques brins de thym
- 3 courgettes, hachées
- 400g de haricots beurre égouttés
- 400g de tomates hachées
- 1,2 l de bouillon de légumes
- 100g de parmesan ou équivalent végétarien, râpé
- 140g de petites formes de pâtes
- petit bouquet de basilic, râpé

Méthode

1. Cuire doucement l'oignon, les carottes et le céleri dans l'huile dans une grande casserole pendant 20 minutes, jusqu'à ce qu'ils soient tendres. Éclabousser dans l'eau s'ils collent. Ajouter le sucre, l'ail, la purée, les herbes et les courgettes et cuire 4-5 min à feu moyen jusqu'à ce qu'ils dorent un peu.
2. Verser les haricots, les tomates et le bouillon, puis laisser mijoter 20 min. Si vous le congelez, laissez-le refroidir et faites-le maintenant (congelez-le jusqu'à trois mois). Sinon, ajoutez la moitié du parmesan et les pâtes et laissez mijoter pendant 6 à 8 minutes jusqu'à ce que les pâtes soient cuites. Saupoudrer de basilic et du reste de parmesan pour servir. Si congelé, décongeler puis réchauffer avant d'ajouter les pâtes et le fromage et continuer comme ci-dessus.

Tarte à l'italienne

Préparation: 10 minutes / Cuisson: 40 minutes plus 4 heures pour le ragoût de bœuf

Ingrédients

- 700g de pommes de terre farineuses, tranchées
- 25g de beurre
- 50g de parmesan râpé
- 140g de pancetta ou de bacon strié, coupé en lanières
- 2 brins d'origan, feuilles dépouillées ou 2 cuillères à café d'origan séché
- ½ quantité de bœuf au vin rouge et aux carottes

Méthode

1. Préparez d'abord le bœuf avec du vin rouge et des carottes (voir «Se marie bien avec»). Vous aurez besoin de la moitié du ragoût fini pour cette recette.
2. Chauffer le four à 220C / 200C ventilateur / gaz 7. Cuire les pommes de terre dans de l'eau bouillante salée pendant 10 minutes jusqu'à ce qu'elles soient presque cuites. Bien égoutter, puis mélanger avec le beurre et la moitié du parmesan.
3. Dans une grande casserole, faire revenir la pancetta ou le bacon jusqu'à ce qu'ils soient dorés. Incorporer les feuilles d'origan frais ou l'origan séché, puis ajouter le ragoût de bœuf et chauffer. Verser dans un plat allant au four et garnir de pommes de terre au fromage, en les chevauchant. Saupoudrer du parmesan restant et cuire au four pendant 20 minutes jusqu'à ce que le dessus soit doré et croustillant. Servir avec une salade verte.

Cacciatore de poulet épicé

Préparation: 10 minutes / Cuisson: 1 h 15 minutes

Ingrédients

- 1 cuillère à soupe d'huile d'olive
- 4 portions de cuisse de poulet, avec la peau
- 2 poivrons rouges, épépinés et coupés en lanières
- 1 piment rouge moyen, épépiné et tranché
- verre de vin rouge (environ 175 ml / 6fl oz)
- ½ quantité de sauce tomate (voir 'Se marie bien avec')
- 1-2 poignées d'olives noires
- persil plat haché, pour servir

Méthode

1. Chauffer le four à un ventilateur / gaz de 180 ° C / 160 ° C. 4. Chauffer l'huile dans une rôtissoire profonde allant au four suffisamment grande pour contenir le poulet en une seule couche. Assaisonner les morceaux de poulet partout, puis placer la poêle sur la plaque de cuisson et cuire à feu moyen pendant 7 à 10 minutes de chaque côté jusqu'à ce qu'elle soit bien dorée. Retirez le poulet avec une cuillère à fente et mettez-le de côté.

2. Ajouter les poivrons et le piment dans la poêle (il devrait encore y avoir beaucoup de gras dedans) et cuire 10 minutes jusqu'à ce qu'ils soient tendres et commencent à dorer sur les bords. Éliminez tout excès de graisse, puis versez le vin et remuez bien pendant 1 à 2 minutes pendant qu'il bouillonne. Versez la sauce tomate dans la poêle et remuez à nouveau. Ajoutez un peu d'eau (jusqu'à 150 ml) pour obtenir une consistance épaisse et coulante. Nappez le poulet dans la sauce et parsemez d'olives. Couvrir, cuire au four 30 minutes, puis découvrir et cuire 15-20 minutes de plus pour permettre au poulet de croustiller. Retirez le gras qui a remonté à la surface, parsemez de persil et servez avec du riz, de la purée de pommes de terre ou de la polenta.

Compote de pommes, poires et cerises

Préparation: 30 minutes / Cuisson: 20 minutes

Ingrédients

- 8 pommes à manger, pelées, évidées et coupées en morceaux
- 4 pommes moyennes, pelées, épépinées et coupées en morceaux
- 8 poires fermes, pelées, évidées et coupées en tranches épaisses
- 6 cuillères à soupe de sucre, ou au goût
- 280g de cerises aigres séchées (ou de canneberges séchées)

Méthode

1. Mettez les pommes et les poires dans une casserole avec le sucre et 50 ml d'eau. Porter à ébullition, puis cuire doucement, à couvert, pendant environ 15 minutes jusqu'à ce que la pomme se soit effondrée en purée et que la pomme et la poire à manger soient tendres (remuer pour s'assurer qu'elles ne s'accrochent pas au fond).
2. Incorporer les cerises ou les canneberges pendant 1 min, goûter et ajouter un peu plus de sucre si nécessaire. Peut-être réfrigéré pendant 3 à 5 jours. Servir avec de la glace à la vanille, si vous le souhaitez. Voir «Se marie bien avec» pour des idées d'utilisation de la compote.

Conseil

- **Si vous souhaitez utiliser une mijoteuse ...**
  Laissez mijoter une grande quantité au cours d'une journée ou d'une nuit. Mettez les pommes, les poires, le sucre et les cerises dans la cocotte mijoteuse avec 50 ml d'eau et remuez bien. Couvrir et cuire à feu doux pendant 8 à 10 heures, jusqu'à ce que les pommes soient réduites en purée et que les poires et les pommes à manger soient tendre. Servez comme ci-dessus

Cheeseburger et frites

Préparation: 25 minutes / Cuisson: 45 minutes

Ingrédients

- 1¼kg de bœuf maigre haché
- 1 oignon, haché finement
- 140g de chapelure
- 100g de cheddar mature râpé
- petit bouquet de persil haché
- 1 cuillère à soupe de sauce Worcestershire
- 1 œuf, légèrement battu à la fourchette
- 1 cuillère à café de poudre de piment doux

- Sac de 2½ kg de pommes de terre, coupées en morceaux
- 3 cuillères à soupe de farine tout usage
- 10 cuillères à café d'huile d'olive ou de tournesol
- pains à hamburger, laitue, oignon rouge tranché, tomates, cornichons et sauces ou relish, pour servir

Méthode

1. Versez la viande hachée dans un grand bol avec l'oignon, la chapelure, le fromage, le persil, la sauce Worcestershire, l'œuf, le piment en poudre, ½ cuillère à café de sel et un peu de poivre. Bien mélanger avec vos mains, puis diviser le mélange en 10 et façonner en hamburgers.

2. Porter à ébullition 2 grandes casseroles d'eau (ou préparer les chips par lots si vous n'avez pas assez de grandes casseroles). Ajoutez les chips, ramenez l'eau à ébullition et réglez votre minuterie sur 3 min. Au bout de 3 minutes, bien égoutter les pommes de terre et les renverser sur un ou deux grands plateaux recouverts de papier de cuisine. Saupoudrez de farine et d'un peu d'assaisonnement et remuez doucement pour enrober.

3. Congelez les hamburgers et les frites (voir les conseils de congélation ci-dessous) ou, pour cuire immédiatement, chauffez le four à 200C / 180C ventilateur / gaz 6. Dans une plaque à pâtisserie, mélangez les frites dans un peu d'huile, puis faites rôtir pendant 35 à 40 minutes. jusqu'à ce qu'ils soient croustillants et dorés. Pendant ce temps, chauffer une poêle, un gril ou un barbecue jusqu'à ce qu'ils soient chauds, puis cuire les hamburgers pendant environ 5 à 8 minutes de chaque côté, ou jusqu'à ce qu'ils soient cuits à votre goût. Sandwichez les hamburgers dans des petits pains grillés avec salade et sauces, puis servez avec les frites.

Conseil

- **Cuisson à partir de congelés**
  Pour de meilleurs résultats, décongeler les hamburgers pendant une nuit au réfrigérateur, puis cuire selon la recette. Mais si vous oubliez, vous pouvez simplement cuisiner tout ce qui est congelé. Chauffer le four à 200C / 180C ventilateur / gaz 6 et étaler les hamburgers et les frites sur des plaques de four séparées. Cuire les frites comme avant jusqu'à ce qu'elles soient dorées et croustillantes, en les secouant à mi-cuisson, et les hamburgers pendant 40 minutes, en les retournant à mi-cuisson, jusqu'à ce que le centre soit chaud.

- **Comment congeler**

  Versez des portions de chips farinées directement dans des sacs de congélation, puis fermez-les pour les congeler. Empilez les hamburgers entre les carrés de papier sulfurisé dans un récipient ou sur un plateau enveloppé dans un film plastique - le parchemin empêchera les hamburgers de coller ensemble (mais n'utilisez pas de produit anti-graisse). Ensuite, retirez simplement autant de hamburgers que vous en avez besoin à la fois et recouvrez le reste.

Crêpes à la cannelle avec compote et sirop d'érable

Préparation: 10 minutes / Cuisson: 25 min Plus 50 min pour la compote

Ingrédients

- 140g de farine auto-levante
- 1 cuillère à café de cannelle moulue
- 3 cuillères à soupe de sucre muscovado ou de cassonade
- 1 œuf large
- 300 ml de lait
- 1 cuillère à café d'extrait de vanille
- 2 cuillères à soupe de beurre fondu, plus un supplément pour la friture
- ½ quantité de compote de pommes, poire et cerise, pour servir

Méthode

1. Préparez d'abord la compote de pommes, poire et cerise. Vous aurez besoin de la moitié de la compote pour cette recette.

2. Dans un grand bol, fouetter ensemble la farine, la cannelle, le sucre et ½ cuillère à café de sel. Dans une cruche, fouettez l'œuf, le lait, la vanille et le beurre fondu. Faites un puits dans les ingrédients secs et versez progressivement le mélange de lait en fouettant au fur et à mesure pour obtenir une pâte lisse. Idéalement, laissez reposer le mélange pendant 1 heure (ou même toute la nuit, couvert au réfrigérateur), bien que vous puissiez cuisiner avec tout de suite.

3. Chauffer une poêle antiadhésive à feu moyen-vif. Faites fondre une noix de beurre, puis ajoutez-y des cuillères à soupe du mélange pour faire des crêpes d'environ 10 cm de diamètre. Cuire 2 à 3 minutes jusqu'à ce que des bulles apparaissent à la surface, puis retourner et cuire 1 minute de plus. Gardez chaque lot au chaud pendant que vous utilisez le reste de la pâte. Empilez les crêpes et servez avec une compote chaude ou froide, du sirop d'érable et du yogourt.

Crunch à la rhubarbe et à la crème anglaise

Préparation: 10 minutes / Cuisson: 20 min Plus 30 min pour la compote

Ingrédients

- 450g de rhubarbe, parée et coupée en morceaux
- 85g de sucre en poudre

- environ un pot de 500g / 1lb 2oz ou une crème anglaise prête à l'emploi
- ½ quantité de granola croquant au miel

Méthode

1. Préparez d'abord le granola croquant au miel avec amandes et abricots. Vous aurez besoin de la moitié du granola pour cette recette.
2. Chauffer le four à 150C / 130C ventilateur / gaz 2. Disposer la rhubarbe dans un plat à rôtir juste assez grand pour tout contenir en une seule couche, parsemer de sucre et couvrir de papier d'aluminium. Cuire au four pendant 15 à 20 minutes jusqu'à ce qu'ils soient tendres, puis refroidir dans le moule.
3. Verser un peu de rhubarbe dans la base de 6 verres ou pots, puis garnir de quelques cuillères à soupe de crème anglaise. Saupoudrer de granola, puis répéter les couches pour remplir les verres.

Granola croquant au miel avec amandes et abricots

Préparation: 5 minutes / Cuisson: 25 minutes

Ingrédients

- 200g de miel clair
- 4 cuillères à soupe d'huile au goût doux, comme le tournesol ou le colza
- 300g de flocons d'avoine

- 100g d'amandes entières non blanchies
- 1 cuillère à café de cannelle moulue
- 140g d'abricots secs, hachés grossièrement

Méthode

1. Chauffer le four à 180 ° C / 160 ° C ventilateur / gaz 4. Dans une grande poêle, chauffer le miel et l'huile jusqu'à ce qu'ils bouillonnent, puis verser l'avoine, les amandes et la cannelle. Remuez bien jusqu'à ce que l'avoine soit bien enrobée, puis basculez sur 1-2 grandes plaques à pâtisserie en étalant le mélange. Cuire au four pendant 20 à 25 minutes, en remuant à mi-cuisson, jusqu'à ce qu'elles soient dorées.
2. Retirer du four et, encore chaud, incorporer les abricots. Étalez à nouveau et appuyez avec une spatule pour refroidir - cela l'aidera à s'agglutiner. Une fois refroidi, servez avec du yogourt ou du lait et des fruits, si vous le souhaitez. Se conserve dans un contenant hermétique pendant 3 semaines. Voir «Se marie bien avec» pour les recettes utilisant votre granola.

Casserole de pâtes au brocoli

Préparation: 10 minutes / Cuisson: 30 minutes

Ingrédients

- 1l de lait
- 2 gousses d'ail écrasées
- 2 feuilles de laurier
- 500g de pâtes séchées
- 350g de brocoli, en petits fleurons
- 75g de beurre
- 75g de farine tout usage
- un peu de muscade fraîchement râpée
- 1 cuillère à café de moutarde en poudre
- petit bouquet de persil, haché grossièrement
- 200g de fromage râpé (cheddar, parmesan, gruyère ou mélange)

Méthode

1. Porter à ébullition le lait, l'ail et les feuilles de laurier dans une petite casserole, puis retirer du feu et laisser infuser. Faites cuire les pâtes al dente en suivant les instructions de l'emballage (si vous les congelez, faites cuire 1 min de moins), en ajoutant le brocoli pendant les 2 dernières minutes. Drainer.
2. Filtrez le lait dans une cruche. Faites chauffer le beurre dans la poêle jusqu'à ce qu'il mousse puis incorporez la farine pendant 1 min. Ajouter le lait petit à petit, en remuant ou en fouettant constamment pour éliminer les grumeaux. Faire bouillir pendant 1 à 2 minutes, en remuant constamment jusqu'à ce que vous ayez une sauce épaisse et sans grumeaux.
3. Retirer du feu et incorporer un peu de muscade, la poudre de moutarde, le persil, les trois quarts du fromage et l'assaisonnement. Mélanger avec les pâtes et le brocoli et transférer dans un plat grand ou individuel résistant à la chaleur. Répartir sur le reste du fromage et laisser refroidir et congeler jusqu'à trois mois, ou chauffer le gril à feu vif et cuire 2 à 3 minutes jusqu'à ce qu'il soit doré et bouillonnant. Si congelé, décongeler au réfrigérateur pendant la nuit, puis cuire à 200 ° C / 180 ° C ventilateur / gaz 6 pendant 30 à 40 minutes jusqu'à ce qu'il soit très chaud.

Conseil

- **Macaroni au chou-fleur au suisse Remplacez**
  Simplement les pennes par les macaronis, le brocoli par le chou-fleur et le cheddar par le gruyère et faites cuire comme avant.

Biryani au Poulet

Préparation: 10 minutes / Cuisson: 1 h 15 minutes

Ingrédients

- 1 cuillère à soupe d'huile d'olive
- 4 poitrines de poulet sans peau, coupées en morceaux
- 4 cuisses de poulet désossées et sans peau, coupées en morceaux
- 2 oignons, tranchés
- 4 cuillères à soupe de pâte de curry
- 300g de chou-fleur haché en petits fleurons
- 700 ml de bouillon de poulet
- 400g de tomates hachées
- 400g de pois chiches rincés et égouttés
- 200g de yaourt nature
- 300g d'épinards
- 400g de riz basmati, cuit selon les instructions de l'emballage
- 5 cuillères à soupe d'amandes effilées

Méthode

1. Commencez par faire le curry. Faites chauffer 1 cuillère à soupe d'huile dans une grande poêle à frire profonde. Assaisonnez le poulet et faites-le frire jusqu'à ce qu'il soit doré, puis retirez-le et réservez. Faites frire l'oignon dans le reste de l'huile pendant 10 à 12 minutes jusqu'à ce qu'il soit tendre et qu'il commence à caraméliser.

2. Ajouter la pâte et le chou-fleur en remuant pour bien enrober le tout, puis remettre le poulet. Verser le bouillon, les tomates et les pois chiches et laisser mijoter le tout pendant 30 minutes jusqu'à ce que le chou-fleur soit presque tendre. Il devrait y avoir juste assez de liquide pour tout couvrir, alors ajoutez un peu plus d'eau ou de bouillon si vous en avez besoin. Retirer du feu et incorporer le yogourt.

3. Assemblez la cuisson dans 1 grand ou 2 petits plats profonds allant au four. Commencer par un $1/3$ de feuilles d'épinards, assaisonner, puis garnir d'un $1/3$ de curry. Terminer avec un $1/3$ de riz puis répéter encore deux fois. Répartir sur les amandes et soit refroidir complètement pour congeler, soit chauffer le four à 220C / 200C ventilateur / gaz 7 et cuire pendant 20-25 minutes jusqu'à ce que la garniture soit croustillante et que le plat soit très chaud.

Conseil

- **Cuire à partir de congelé**
  Le biryani peut être cuit à partir de congelé, mais le chou-fleur deviendra assez mou. Couvrir de papier d'aluminium et cuire au four à 180 ° C / 160 ° C / gaz 4 pendant 1 heure 45 minutes, avant de retirer le papier d'aluminium et de cuire au four à 220 ° C / 200 ° C / gaz 7 pendant 30 minutes de plus jusqu'à ce que tout soit chaud. Ou décongeler à température ambiante, puis cuire comme ci-dessus dans la recette, en ajoutant simplement 10 à 15 minutes supplémentaires au temps de cuisson.

Lasagnes aux aubergines

Préparation: 20 minutes / Cuisson: 50 minutes

Ingrédients

- 3 aubergines, tranchées dans le sens de la longueur
- 2 cuillères à soupe d'huile d'olive
- 3 grosses gousses d'ail écrasées
- Pot de 680 ml de passata
- ½ cuillère à soupe d'origan séché
- 1 cuillère à café de sucre
- 1 cuillère à soupe de vinaigre de vin rouge
- petit bouquet de feuilles de basilic, déchirées
- 100g de parmesan, ou alternative végétarienne, râpé
- 125g de boule de mozzarella, déchirée
- 200g de feuilles de lasagnes fraîches
- 5 cuillères à soupe de chapelure

Méthode

1. Chauffer le gril à feu vif. Disposer les tranches d'aubergine sur une plaque à pâtisserie, badigeonner d'huile et bien assaisonner. Griller 2 à 3 minutes de chaque côté jusqu'à coloration dorée, réserver.
2. Faites chauffer l'huile dans une casserole. Faites frire l'ail pendant 1 min puis versez la passata. Laisser mijoter 10 min avec l'origan, le sucre et le vinaigre, puis assaisonner et incorporer le basilic.
3. Assemblez les lasagnes dans un plat allant au four de format A4. Étalez quelques cuillères à soupe de sauce tomate sur le fond du plat, suivi d'une couche d'aubergine. Répartir sur du parmesan et de la mozzarella, puis recouvrir d'une couche de lasagne. Répéter en terminant par une garniture de parmesan et de mozzarella et parsemer de chapelure.
4. Laisser refroidir à ce stade pour la congélation, ou chauffer le four à 200C / 180C ventilateur / gaz 6 et cuire les lasagnes pendant 25-30 minutes jusqu'à ce qu'elles soient dorées et bouillonnantes.

Conseil

- **Cuire à partir de congelés**
  Pour cuire directement du congélateur, chauffer le four à 180 ° C / 160 ° C ventilateur / gaz 4 et cuire à couvert pendant 1h30. Ensuite, montez le four à 220C / 200C ventilateur / gaz 7 et faites cuire à découvert pendant encore 30 minutes. Ou décongeler toute une nuit à température ambiante, mettre au réfrigérateur jusqu'à ce que vous soyez prêt à manger, puis cuire comme indiqué ci-dessus, en ajoutant 10 minutes supplémentaires au temps de cuisson.

Spaghetti bolognaise

Préparation: 5 minutes / Cuisson: 25 minutes

Ingrédients

- 1 cuillère à soupe d'huile d'olive
- 1 petite carotte, hachée
- 400g de tomates italiennes
- ½ bouquet de basilic, plus des feuilles supplémentaires, pour servir
- ½ recette Multi haché
- 400g de spaghettis ou autres pâtes longues
- 25g de chapelure grillée

Méthode

1. Faites chauffer l'huile dans une poêle antiadhésive. Versez la carotte et faites cuire 5 min pour ramollir. Retirez les tomates de la boîte et ajoutez-les à la poêle et laissez cuire 5 minutes de plus. Verser sur le jus de tomate et le basilic, puis laisser mijoter 15 min. Mélanger ensemble dans un mélangeur jusqu'à consistance lisse. Cette sauce peut être congelée jusqu'à 3 mois.
2. Faites chauffer avec le Multi Haché. Faites cuire les spaghettis selon les instructions de l'emballage. Réserver un peu d'eau de cuisson, égoutter et verser les pâtes dans la casserole avec la sauce. Mélanger ensemble, en éclaircissant avec de l'eau pour pâtes, si nécessaire, et servir avec les feuilles de basilic supplémentaires sur le dessus et la chapelure.

Ragoût de poulet épicé africain

Préparation: 15 minutes / Cuisson: 1 h 05 minutes

Ingrédients

- 500 ml de bouillon de poulet chauffé
- Bocal de 340g de beurre d'arachide crémeux
- 2 oignons, coupés en deux et tranchés finement
- 3 cuillères à soupe d'huile de tournesol
- 3 cuillères à soupe de gingembre finement haché
- ½ à 1 c. À thé de poivre de Cayenne (facultatif)
- 3 cuillères à café de coriandre moulue
- 3 cuillères à café de cumin moulu   .

- 1-2 piments Scotch Bonnet, épépinés et hachés
- 2 feuilles de laurier
- 400g de tomates hachées
- 2 x 800g de cuisses et pilons de poulet, pelés
- 3 patates douces, coupées en morceaux
- 2 poivrons rouges, épépinés et coupés en morceaux
- bonne poignée de coriandre hachée, un peu réservée à l'arrosage
- quartiers de riz et de lime, pour servir (facultatif)

Méthode

1. Versez le bouillon chaud sur le beurre d'arachide et remuez jusqu'à dissolution. Faites chauffer une très grande poêle et faites revenir les oignons dans l'huile pendant 5 min pour les ramollir. Ajouter le gingembre, le poivre de Cayenne, si désiré, ½ cuillère à café de poivre noir, la coriandre, le cumin, les piments et la baie et cuire, en remuant, pendant 2 min.
2. Versez les tomates et le bouillon de cacahuètes, puis incorporez les morceaux de poulet. Mettez un couvercle sur la casserole et laissez mijoter pendant 30 minutes, en remuant fréquemment pour vous assurer que le beurre d'arachide ne colle pas au fond de la casserole.
3. Incorporer les patates douces, les poivrons et la coriandre hachée, puis cuire 30 minutes de plus. Servir saupoudré de la coriandre réservée, avec du riz et des quartiers de lime à presser, si vous le souhaitez.

Conseil

- **Congélation par lots**
  Une fois refroidi, vous pouvez congeler ce ragoût jusqu'à 3 mois. Décongeler au réfrigérateur ou réchauffer doucement à partir du congelé dans une grande casserole avec un peu d'eau pour l'empêcher de coller en fondant. Couvrir la casserole jusqu'à ce qu'elle soit décongelée, puis retirer le couvercle et chauffer jusqu'à ce qu'elle bouillonne pour éliminer l'excès d'humidité.

Piment Marrakech

Préparation: 30 minutes Cuire 1 heure (plus chauffage à partir du congelé)

Ingrédients

- 1½ cuillère à soupe de graines de cumin
- 1 cuillère à soupe d'huile d'olive
- 3 oignons, coupés en deux et tranchés finement
- 3 paquets de 400 g d'agneau maigre haché
- 2 cuillères à soupe de gingembre finement haché
- 4 gousses d'ail, hachées finement
- 2 boîtes de 400g de tomates hachées
- 1 cuillère à soupe de paprika
- 1 cuillère à soupe de cannelle moulue
- 1½ cuillère à soupe de coriandre moulue
- 3 cuillères à soupe de harissa
- 3 poivrons rouges, épépinés et coupés en gros morceaux
- 2 boîtes de 400g de pois chiches, égouttés
- 2 x 20g de coriandre, la plupart hachée, quelques feuilles entières pour servir
- 500 ml de bouillon de bœuf ou d'agneau, composé de 2 cubes

Méthode

1. Faites chauffer votre plus grand wok ou poêle antiadhésif, versez les graines de cumin et faites griller pendant quelques secondes. Supprimer. Ajouter l'huile dans la poêle et faire revenir les oignons pendant 5 minutes jusqu'à ce qu'ils commencent à colorer. Ajouter le hachis, le gingembre et l'ail et cuire en brisant le hachis avec votre cuillère en bois, jusqu'à ce qu'il ne soit plus rose. Égouttez tout excès de liquide ou de graisse de la casserole.

2. Incorporer les tomates, le cumin grillé, les épices restantes et la harissa - ajoutez plus d'épices si vous aimez un coup de pied supplémentaire. Ajouter les poivrons, les pois chiches, les trois quarts de la coriandre hachée et le bouillon. Couvrir et cuire 40 minutes, en remuant de temps en temps, jusqu'à ce que la sauce épaississe légèrement. Retirer du feu. Laisser refroidir, puis incorporer la coriandre hachée restante. Peut être servi ou congelé à ce stade.

3. Emballez dans des sacs de congélation et lissez le hachis à travers le sac pour l'aplatir. Utiliser dans les 3 mois. Pour servir, retirer des sacs et faire chauffer du congelé dans une casserole sur la plaque de cuisson avec un peu d'eau jusqu'à bouillonnement chaud, puis parsemer de coriandre.

Tarte au cottage rapide

Préparation: 10 minutes / Cuisson: 30 minutes

Ingrédients

- Paquet de 100g de champignons, coupez-les en deux s'ils sont gros
- 1 cuillère à café d'huile d'olive
- 1 cuillère à soupe de farine tout usage
- ½ recette Multi haché (voir lien ci-dessous)
- 750g de pommes de terre coupées en quartiers
- 75 ml de babeurre ou de lait écrémé
- 2 oignons nouveaux, tranchés finement

Méthode

1. Versez les champignons dans une poêle avec l'huile et faites cuire 5 minutes jusqu'à ce qu'ils soient dorés. Incorporer la farine, puis ajouter le Multi Haché. Cuire jusqu'à ce que le tout soit bien chaud et que la sauce épaississe légèrement, puis versez le mélange dans un plat allant au four de taille moyenne. Chauffer le four à 220 ° C / ventilateur 200 ° C / gaz 7.

2. Pendant ce temps, faites cuire les pommes de terre dans une grande casserole d'eau bouillante salée pendant 15 minutes jusqu'à ce qu'elles soient tendres. Égoutter et écraser avec le babeurre, puis incorporer la moitié des oignons nouveaux. Verser sur le hachis et gonfler. Cuire au four pendant 15 minutes jusqu'à ce que le dessus soit légèrement doré. Servir saupoudré d'oignons de printemps.

Tartes croustillantes au cheddar

Préparation: 20 minutes / Cuisson: 1 h 25 minutes

Ingrédients

- 500g de jeunes poireaux minces, tranchés épais
- 300g de brocoli coupé en petits fleurons
- 3 bâtonnets de céleri, égouttés et tranchés
- 1½ kg de pommes de terre farineuses, comme King Edward, coupées en morceaux de même taille
- 85g de beurre
- Pot de 170g de yogourt grec 0% matières grasses
- 850 ml de lait demi-écrémé
- 75g de farine tout usage
- 2 cuillères à café de moutarde anglaise
- 1 cuillère à café de moutarde à l'ancienne
- Paquet de 300g de cheddar mature, finement râpé
- poignée de petits pois surgelés

Méthode

1. Porter à ébullition une grande casserole d'eau salée. Mettez les poireaux, le brocoli et le céleri dans un grand cuiseur vapeur. Ajouter les pommes de terre à l'eau et cuire 20 min, avec les légumes fumants dessus, jusqu'à ce qu'ils soient tous tendres. Égouttez les pommes de terre, puis écrasez avec beaucoup d'assaisonnement, 25g de beurre et tout le yaourt.

2. Pendant la cuisson des légumes, versez le lait dans une casserole, ajoutez la farine, les moutardes et le reste du beurre, et faites cuire à feu moyen, en fouettant tout le temps, jusqu'à consistance lisse et épaissie. Incorporer la moitié du fromage et assaisonner. Retirer du feu.

3. Répartir les légumes et les pois cuits à la vapeur dans 8 plats à tarte individuels. Verser sur la sauce et garnir de purée, puis saupoudrer sur le fromage restant.

4. Emballez dans des sacs de congélation et utilisez dans les 3 mois. Pour servir, déballer et mettre les plats sur une plaque à pâtisserie dans le four froid, puis régler à 200C / 180C ventilateur / gaz 6. Cuire au four pendant 50-55 minutes jusqu'à bouillonnement et chaud tout le long.

Conseil

- **Cuisson à partir de produits frais**
  Si vous souhaitez cuisiner ce plat tout de suite. Mettez-le dans un four préchauffé pendant 25 minutes au lieu de le congeler.

Penne au fromage et aux épinards avec crumble aux noix

Préparation: 15 minutes / Cuisson: 55 minutes

Ingrédients

- Paquet de 500g de penne
- 2 gros poireaux, tranchés
- 85g de beurre
- 85g de farine tout usage
- 2 cuillères à café de moutarde anglaise prête à l'emploi
- bonne muscade râpée
- 1l de lait, plus un peu plus
- 350g de cheddar mature râpé
- 4 tranches de pain français, coupées en dés
- 85g de morceaux de noix
- 400g d'épinards en sachet

Méthode

1. Si vous mangez une des pâtes cuites maintenant, chauffez le four à 190 ° C / 170 ° C ventilateur / gaz 5. Faites bouillir les pâtes avec les poireaux pendant 10 minutes, puis égouttez.

2. Pendant ce temps, mettez le beurre, la farine, la moutarde, la muscade et le lait dans une grande casserole avec un peu d'assaisonnement. Chauffer doucement, en remuant tout le temps, jusqu'à bouillonnement et épaississement, puis cuire 2 minutes de plus, en remuant fréquemment. Retirer du feu et incorporer les deux tiers du fromage. Mélangez le reste du fromage avec le pain et les noix.

3. Faites cuire les épinards aux micro-ondes ou versez-y une bouilloire d'eau bouillante pour les faire flétrir, puis essorez l'excès d'eau. Incorporer à la sauce avec les pâtes, les poireaux et un peu d'assaisonnement. Si nécessaire, ajoutez un peu de lait supplémentaire pour décoller. Répartir dans 2 plats allant au four et parsemer le mélange de pain. Si vous mangez tout de suite, faites cuire au four pendant 40 minutes jusqu'à ce qu'ils soient dorés, ou refroidissez pour congeler.

Conseil

- **Mangez-en un, congelez-en un.**
  Pour congeler, couvrez les plats d'un film plastique, puis mettez du papier d'aluminium et congelez jusqu'à 3 mois. Décongeler au réfrigérateur, puis cuire comme ci-dessus jusqu'à ce qu'ils soient dorés et très chauds.

Ragoût de bœuf

Préparation: 20 minutes / Cuisson: 1 h 40 minutes

Ingrédients

- 1 kg Boeuf (chapeau de prêtre)
- Bouillon de viande (il vous en faudra peut-être moins ou un peu plus) 2,5 l
- 1Oignons
- 1Carottes
- 1 tige Céleri
- 1 verre Vin rouge
- 4 cuillères à soupe d'huile d'olive extra vierge

- 30 g Beurre
- 30 g farine
- 1 brin de romarin
- 1 brin Thym
- 3 feuilles Sauge
- Poivre noir au goût
- Saler au goût

Méthode

1. Pour préparer le ragoût de bœuf, commencez par placer une casserole avec le bouillon de viande sur le feu et laissez-le chauffer (vous aurez besoin d'environ 2 à 2,5 litres mais vous pouvez le préparer en abondance et au cas où geler ce que vous n'utiliserez pas). En attendant, continuez à nettoyer le céleri, la carotte et l'oignon et hachez les légumes pour obtenir des cubes de 5 à 6 mm.
2. Attachez le thym, la sauge et le romarin avec un morceau de ficelle de cuisine !
3. Enfin, coupez la viande en cubes de 4 à 5 cm
4. Dans une casserole, chauffer le beurre avec l'huile
5. Dès que le fond est chaud, ajoutez le céleri, la carotte et l'oignon hachés et laissez parfumer à feu doux pendant une dizaine de minutes; au besoin, vous pouvez ajouter très peu de bouillon chaud5.
6. Lorsque le hachis est bien fané, ajoutez la viande
7. augmenter le feu et laisser toutes les pièces bien sceller pendant une dizaine de minutes, assaisonner de sel et de poivre, puis saupoudrer de farine et laisser griller quelques minutes: soyez très prudent car cela pourrait brûler, puis remuez souvent
8. Ajoutez le vin rouge et laissez-le s'évaporer complètement
9. puis ajoutez le bouquet parfumé et couvrez avec le bouillon de viande chaud
10. Couvrir avec le couvercle et cuire à feu moyen pendant au moins 2 heures, en prenant soin de remuer de temps en temps et de vérifier si vous devrez ajouter plus de bouillon au besoin pour qu'il ne sèche pas excessivement.
11. En fin de cuisson, retirez le bouquet parfumé et assurez-vous que le ragoût de bœuf est juste du sel. À ce stade, il vous suffit de servir votre ragoût de bœuf

Conseil

- Le ragoût de bœuf peut être conservé au réfrigérateur pendant quelques jours.
- Si vous préférez et si vous avez utilisé tous les ingrédients les plus frais, vous pouvez également congeler le ragoût une fois cuit.

Ragoût de veau aux pommes de terre

Préparation: 30 minutes / Cuisson: 1 h 20 minutes

Ingrédients

- 1 kg Pulpe de veau
- 1 kg Pommes de terre
- 1 Carottes
- 1 tige Céleri
- 1 Oignons blancs
- 20 g Huile d'olive extra vierge
- 1 Bouillon de viande
- Saler au goût
- Poivre noir au goût
- 20 g farine
- 50 g Vin blanc
- 1 brin Sauge
- 1 brin de romarin
- 1 brin Thym

Méthode

1. Pour préparer le ragoût de veau aux pommes de terre, commencez par laver et éplucher la carotte, l'oignon et le céleri, puis hachez-les pour le sauté (1-2), pour réaliser au mieux cette opération vous pouvez consulter notre école de cuisine: comment faire le sauté. Prendre la pulpe de veau entière, la priver du tissu conjonctif si présent, ou les parties blanches translucides qui pourraient rendre la viande dure après la cuisson et la couper d'abord en tranches puis en morceaux

2. Prenez une grande poêle avec un bord haut, faites chauffer l'huile d'olive puis ajoutez le hachis pour le sauté assaisonner 5 minutes à feu moyen puis ajouter les morceaux de veau

3. salé et poivre au goût et faire dorer la viande pendant 4-5 minutes. À ce stade, ajoutez la farine préalablement tamisée en versant la pluie, afin d'éviter les grumeaux dans le jus de cuisson.

4. Une fois absorbé, mélanger le ragoût avec le vin blanc, laissez-le s'évaporer complètement puis recouvrez le ragoût avec le bouillon de viande. Saveur avec les brins d'herbes aromatiques préalablement attachés ensemble, de sorte qu'ils puissent ensuite être récupérés et extraits facilement de la casserole.

5. Couvrir la préparation avec un couvercle et poursuivre la cuisson 1 heure en remuant de temps en temps. Après ce temps, retirez les herbes aromatiques avec des pinces de cuisine. Pendant ce temps, lavez et épluchez les pommes de terre et coupez-les en cubes aussi gros que des morceaux de veau.

6. Ajouter les pommes de terre coupées en dés à la préparation. Poursuivre la cuisson encore une heure avec le couvercle, en remuant de temps en temps jusqu'à ce que les pommes de terre et le veau soient tendres. Servir le ragoût de veau avec des pommes de terre bien chaudes.

Conseil

- Le ragoût de veau aux pommes de terre peut être conservé au réfrigérateur dans un contenant hermétique pendant quelques jours. Il est possible de le congeler si vous avez utilisé de la viande fraîche.

Risotto au potiron

Préparation: 20 minutes / Cuisson: 50 minutes

Ingrédients

- 320 g Riz Carnaroli
- 600 g Potiron
- 100 g Oignons cuivrés
- 1,5 l Bouillon de légumes
- 80 g Parmigiano Reggiano AOP

- 60 g Vin blanc
- 50 g Beurre
- Poivre noir au goût
- Saler au goût
- 20 g Huile d'olive extra vierge

Méthode

1. Pour cuire le risotto à la citrouille, commencez par préparer un bouillon de légumes léger, que vous utiliserez pour cuire le riz. Coupez les légumes, mettez-les dans une grande casserole, couvrez d'eau et assaisonnez de sel. Couvrir avec un couvercle, porter à ébullition et cuire environ 1 heure. Filtrer le bouillon et le garder au chaud.

2. Passez ensuite à la citrouille: nettoyez-la, coupez-la en tranches et d'eux ont obtenu de petits cubes. Hacher finement l'oignon et placez-le dans une grande casserole dans laquelle vous avez chauffé l'huile. Faites frire l'oignon à feu très doux pendant environ 10 minutes, jusqu'à ce qu'il soit si tendre qu'il fond. À ce stade, ajoutez la citrouille et faites-le dorer quelques minutes en remuant pour l'empêcher de coller.

3. Puis commencez à ajouter une louche de bouillon, et ajoutez-en plus petit à petit jusqu'à ce que la citrouille soit cuite (environ 20 minutes): elle doit être très tendre et crémeuse. Séparément, chauffer une grande poêle et ajouter le riz pour le faire griller. Nous utilisons la méthode sèche car le grillage du riz, indispensable à la cuisson des grains, ne peut pas avoir lieu dans un environnement humide comme celui créé dans la poêle avec la citrouille.

4. Faites ensuite griller le riz à feu vif jusqu'à ce qu'il devienne opalescent, en le retournant souvent pour éviter de trop cuire. Cela prendra 2-3 minutes. Ajoutez ensuite le vin blanc et remuer aussitôt pour ne pas attaquer. Dès que le vin s'est complètement évaporé, versez le riz dans la casserole avec la citrouille. Bien mélanger pour mélanger les saveurs et empêcher le riz de coller.

5. Dès que le risotto commence à sécher, ajoutez une louche de bouillon chaud, et continuez à ajouter progressivement le suivant seulement lorsque le précédent a été absorbé, jusqu'à ce que le bon degré de cuisson soit atteint. Cela prendra 15-20 minutes selon le riz utilisé. Vers la fin de la cuisson, assaisonner avec du poivre et du sel. Enfin, le feu éteint, incorporer le beurre et le parmesan râpé. Mélangez soigneusement, puis ajoutez une dernière louche de bouillon si vous préférez un risotto plus crémeux. Laissez reposer pendant une minute avant de servir et de savourer!

Conseil

- Conservez le risotto à la citrouille, fermé dans un contenant hermétique et placé au réfrigérateur, pendant 1 à 2 jours maximum.

Ragoût aux petits pois

Préparation: 15 minutes / Cuisson: 1 h 40 minutes

Ingrédients

- 800 g Boeuf (parties antérieures: muscle, pulpe, cou, poitrine ou royale)
- 400 g Petits pois écossés
- 30 g Céleri
- 30 g Carottes
- 65 g Oignons dorés
- 00 farine au goût

- 80 g Vin blanc sec
- 500 g Bouillon de légumes
- Saler au goût
- Poivre noir au goût
- Huile d'olive extra vierge au goût
- 10 g Concentré triple tomate

Méthode

1. Pour préparer le ragoût aux petits pois, commencez par éplucher et hacher finement le céleri, la carotte et l'oignon.
2. Passez ensuite à la viande, si elle n'était pas déjà coupée en morceaux de 2-3 cm, et versez-les dans un bol avec un peu de farine.
3. Alors assurez-vous qu'ils sont bien farinés, puis retirez l'excès de farine en plaçant les morceaux dans une passoire.
4. À ce stade, passez à la cuisinière, placez une casserole à fond épais sur la cuisinière. Faites chauffer de l'huile à l'intérieur et ajoutez les morceaux de viande.
5. Laissez-les dorer quelques minutes à feu vif, en remuant fréquemment, de cette façon la surface se scellera bien. Dès que la viande est bien dorée, ajoutez le vin blanc et laissez l'alcool s'évaporer.
6. Ensuite, baissez un peu la température et ajoutez le mélange aromatique en le laissant aromatiser aussi verser le bouillon de légumes chaud , puis assaisonner de sel, poivre et ajouter le concentré .
7. Après avoir remué une dernière fois, laissez mijoter doucement pendant environ 85 minutes, en le gardant couvert avec le couvercle. Remuez de temps en temps pour éviter que la viande ne colle au fond et assurez-vous que le bouillon n'a pas trop séché, dans ce cas, ajoutez simplement un peu plus de bouillon.
8. Une fois cuit, retirer le couvercle et cuire encore 5 minutes en ajoutant les petits pois. Votre ragoût aux petits pois est prêt, tu dois juste servir !

Conseil

- Le ragoût aux petits pois peut être conservé au réfrigérateur pendant 2-3 jours, mais la consistance aura tendance à devenir un peu filandreuse. Si vous préférez, vous pouvez également congeler si vous avez déjà utilisé des ingrédients frais et non congelés.
- Si vous utilisez les pois frais pelés, faites-les cuire dans la sauce pendant environ 15 minutes.

Saucisse et pommes de terre au four

Préparation: 10 minutes / Cuisson: 35 minutes

Ingrédients

- 500 g Luganega
- 500 g Pommes de terre
- 50 g Huile d'olive extra vierge
- Saler au goût
- Poivre noir au goût
- 150 g Tomates pelées San Marzano
- Origan au goût
- Romarin au goût

Méthode

1. Pour préparer la saucisse avec des pommes de terre au four, commencez à prendre soin de ces dernières.
2. Épluchez d'abord les pommes de terre, puis coupez-les d'abord en tranches puis en cubes, en essayant de les faire tous de la même taille.
3. Transférez-les sur une plaque à pâtisserie et assaisonnez-les avec du sel, du poivre, de l'huile et origan. Remuer pour parfumer uniformément les pommes de terre.
4. À ce stade, coupez la saucisse en morceaux d'environ 6-7 cm de long et placez-les sur les pommes de terre.
5. Dans un petit bol, écrasez les tomates pelées et versez-les dans la casserole en mélangeant le tout.
6. Aromatiser avec les aiguilles de romarin et cuire au four statique préchauffé à 200 ° pendant 30-35 minutes.
7. Vous pouvez ouvrir le four et remuer de temps en temps pour une cuisson uniforme.
8. Une fois cuit servir la saucisse avec les pommes de terre cuites au four encore chaudes!

Conseil

- Gardez la saucisse avec les pommes de terre cuites au four pendant 1 jour maximum au réfrigérateur. La congélation n'est pas recommandée.

Tagliatelles sauce à la viande blanche

Préparation: 20 minutes / Cuisson: 1 h 30 minutes

Ingrédients

- 250 g Tagliatelles aux œufs
- 250 g Bœuf haché
- 150 g Saucisse fraîche
- 100 g Bacon
- 60 g Céleri

- 60 g Carottes
- 60 g Oignons dorés
- 1 gousse d'ail
- 60 g Vin blanc
- 50 g Huile d'olive extra vierge

- 1 brin de romarin
- 3 feuilles Sauge
- 2 feuilles de laurier
- Poivre noir au goût
- Saler au goût
- De l'eau au goût

Méthode

1. Pour préparer les tagliatelles à la sauce blanche, commencez par la sautée. Dans une casserole, chauffer l'huile avec une gousse d'ail et laisser dorer.
2. Ajouter le céleri et carotte finement hachée.
3. Ajoutez également l'oignon haché et mélanger avec une spatule.
4. Laissez cuire quelques minutes à feu doux; en attendant, feuilletez le romarin et hachez-le avec un couteau, puis ajoutez-le au sauté 8.
5. Lavez et séchez la sauge, épluchez-la et hachez finement ; ajoutez-le au reste de la sauce et enfin aromatisé avec deux feuilles de laurier entières.
6. Couper le bacon en cubes et faire dorer avec les légumes, mélangés avec une spatule.
7. Maintenant, prenez soin de la saucisse: coupez l'enveloppe extérieure dans le sens de la longueur avec un petit couteau et éliminez-le avec vos doigts émietter la saucisse.
8. Ajoutez-le à la sauce avec de la viande hachée et cuire à feu vif en remuant avec une spatule pour les briser davantage. Faites cuire le tout pendant quelques minutes.
9. Retirez la gousse d'ail et feuilles de laurier et ajoutez le vin blanc.
10. Une fois le vin évaporé, poursuivez la cuisson en ajoutant une louche d'eau chaude , assaisonner de sel et de poivre et cuire à feu doux pendant environ une heure ajouter plus d'eau si nécessaire.
11. Après le temps nécessaire, éteignez le feu. Lorsqu'une demi-heure manque à la fin de la cuisson, mettez une casserole avec beaucoup d'eau à ébullition sur le feu: lorsqu'elle bout, ajoutez du sel au goût et faites bouillir les tagliatelles en les laissant al dente.
12. Égouttez les pâtes al dente et transférez-les directement dans la casserole de la sauce maintenant prête.
13. Bien mélanger les pâtes et ajouter la sauce en ajoutant un peu d'eau de cuisson des pâtes conservées.
14. Servez aussitôt vos tagliatelles à la sauce blanche tout en fumant.

Conseil

- Les tagliatelles à la sauce à la viande blanche peuvent être conservées au réfrigérateur, fermé dans un contenant hermétique, pendant 1 jour maximum. Si des ingrédients frais ont été utilisés, la congélation de la sauce blanche est possible.

Spaghetti à la sauce tomate

Préparation: 10 minutes / Cuisson: 1 h 10 minutes

Ingrédients

- 320 g Spaghetti
- 800 g Tomates pelées
- 30 g Huile d'olive extra vierge
- 1 gousse d'ail
- Basilic au goût
- Saler au goût

Méthode

1. Pour préparer des spaghettis à la sauce tomate, commencez par la préparation de la sauce. Dans une casserole, verser l'huile d'olive extra vierge avec la gousse d'ail pelée et coupée en deux, afin que vous puissiez éliminer l'âme pour rendre le parfum plus délicat.
2. Après minutes de cuisson à feu vif, ajoutez les tomates pelées2 et assaisonner avec du sel.
3. Couvrir d'un couvercle et cuire au moins 1 heure à feu très doux: la sauce doit mijoter doucement.
4. Remuez de temps en temps. Après le temps indiqué, retirez l'ail et passer les tomates dans un moulin à légumes, de manière à obtenir une purée onctueuse et homogène.
5. Transférer la sauce dans la poêle, allumez le feu très doux et ajoutez les feuilles de basilic.
6. Après quelques minutes, vous pouvez éteindre la sauce et la garder au chaud. À ce stade, il vous suffit de cuire les pâtes dans beaucoup d'eau bouillante salée.
7. Égoutter les spaghettis al dente directement dans la sauce et remuer pendant quelques instants à feu vif pour tout mélanger.
8. Vos spaghettis à la sauce tomate sont prêts, il vous suffit de servir et de garnir de basilic frais au goût!

Conseil

- Vous pouvez préparer la sauce un peu à l'avance ou la conserver au réfrigérateur pendant 2 à 3 jours maximum, à condition qu'elle soit bien recouverte d'un film plastique ou dans un récipient en verre hermétique. Si vous préférez, vous pouvez

Omelette aux courgettes au four

Préparation: 15 minutes / Cuisson: 40 minutes

Ingrédients

- Œufs (8 moyens) 430 g
- 500 g Bébé courgette à la fleur
- Parmesan AOP à râper
- 2 brins Thym
- Saler au goût
- Poivre noir au goût
- 10 g Huile d'olive extra vierge

Méthode

1. Pour préparer l'omelette aux courgettes cuites au four, commencez par nettoyer les fleurs de courgettes: retirez les fleurs des courgettes avec vos mains et lavez-les délicatement en les plongeant dans un bol d'eau froide, puis transférez-les sur du papier absorbant pour sécher.
2. Arrachez doucement la base de chaque fleur afin d'enlever le pistil et enfin divisez chaque fleur en parties, toujours en utilisant vos mains.
3. Lavez également les courgettes, retirez les extrémités et coupez-les en fines tranches d'environ 7-8 mm d'épaisseur.
4. Maintenant, cassez les œufs dans un grand bol et battez vigoureusement avec un fouet, puis ajoutez du sel, poivrer et ajouter le Grana Padano râpé, les feuilles de thym et huile d'olive extra vierge ; ajouter les tranches de courgette et bien mélanger avec une spatule, puis verse aussi les fleurs et ajoutez-les au mélange toujours à l'aide de la spatule.
5. Huiler une casserole d'un diamètre de base de 19,5 cm et d'un diamètre supérieur de 26 cm et y verser le mélange, puis avec les pinces de cuisine, vous pouvez essayer d'arranger des pétales de fleurs de citrouille dans un motif radial pour créer un joli motif décoratif.
6. Cuire l'omelette dans un four statique préchauffé à 200 ° pendant environ 40 minutes; une fois le temps de cuisson écoulé (vous pouvez vérifier qu'il est cuit à l'intérieur à l'aide d'un cure-dent, comme s'il s'agissait d'un gâteau), votre omelette aux courgettes cuite sera prête à être servie!

Conseil

- L'omelette aux courgettes cuites au four peut être conservée au réfrigérateur pendant 1 ou 2 jours, dans un contenant hermétique. Si vous avez utilisé des ingrédients de préférence frais qui n'ont pas été décongelés, vous pouvez congeler l'omelette après l'avoir laissée refroidir complètement.

Côtes levées au four

Préparation: 15 minutes / Cuisson: 2 h 45 minutes

Ingrédients

- 1 kg Côtes de porc
- 1 kg Pommes de terre nouvelles
- 1 brin de romarin
- 2 gousses d'ail
- 1 cuillère à café Paprika
- Saler au goût
- Poivre noir au goût
- 20 g Huile d'olive extra vierge

Méthode

1. Pour préparer les côtes au four, commencez par les pommes de terre: lavez-les bien. Coupez-les en quartiers, épluchez l'ail en laissant les gousses entières et coupez-les en parties (si vous préférez, vous pouvez les priver du noyau).
2. Dans un grand bol versez les pommes de terre et les côtes levées, l'ail, Romarin et paprika.
3. Assaisonner avec du sel et du poivre aussi et assaisonner d'huile. Mélangez bien avec vos mains.
4. Transférer le tout dans une grande casserole, couvrir d'une feuille d'aluminium et cuire dans un four statique préchauffé pendant environ 3 heures à 160 °.
5. Après 3 heures, retirez la feuille d'aluminium et élever la température du four à 220 °.
6. Laissez-les cuire encore 45 minutes.
7. Servir les côtes levées au four chaud!

Conseil

- Les côtes peuvent être conservées au réfrigérateur pendant 1 à 2 jours. La congélation n'est pas recommandée.

Bouilli

Préparation: 15 minutes / Cuisson: 3 h

Ingrédients

- 1 kg Boeuf pour viande bouillie
- Oignons blancs (environ 1) 120 g
- 2 Tiges de céleri

- Carottes (environ 1) 110 g
- 1 brin de persil
- 1 brin Thym
- 3 feuilles Laurel
- 3 Clou de girofle

- 4 Poivre noir
- 15 g Gros sel
- 4 l d'eau

Méthode

1. Pour préparer la viande bouillie, nettoyez d'abord l'oignon, attelez-le en collant les clous de girofle dans sa pulpe. Faites un bouquet aromatique avec du thym, du persil et du laurier, puis attachez-le avec une ficelle de cuisine. Épluchez la carotte, laver et tailler le céleri.
2. Les légumes sont prêts, versez l'eau dans une grande casserole avec un bord haut, tremper la carotte, l'oignon, le céleri et le bouquet aromatique. Ajouter le sel et porter à ébullition.
3. Pendant ce temps, attachez le morceau de viande avec une ficelle de cuisine, afin qu'il conserve sa forme pendant la cuisson.
4. Une fois l'eau à ébullition, ajoutez la viande.
5. Après quelques minutes de cuisson, les impuretés sous forme de mousse vont commencer à émerger à la surface de l'eau: ce sont les protéines de viande coagulées que vous devrez éliminer à l'aide d'une cuillère à fente (écumoire); après avoir éliminé toutes les impuretés, ajoutez les grains de poivre (qui, si ajouté précédemment, vous risqueriez d'éliminer avec la louche) et baisser le feu à doux.
6. L'ébullition doit durer environ 3 heures et être très légère car si elle était violente, elle ruinerait la viande en l'effilochant et en la rendant filandreuse; nous vous recommandons de vérifier le niveau de cuisson en perçant la viande avec une fourchette afin de vérifier la cohérence.
7. Lorsque la viande bouillie est cuite à la perfection, égouttez-la avec une cuillère à fente, égouttez-la et placez-la sur une planche à découper, puis retirez la reliure (si vous l'avez fait) et coupez-le en tranches d'environ 1 cm d'épaisseur à l'aide d'un couteau à lame lisse et longue.
8. Disposez les tranches de viande sur un plat de service et servez avec des légumes bouillis et, si vous le souhaitez, de la moutarde.

Conseil

- La viande bouillie peut être conservée au réfrigérateur pendant quelques jours ou congelée si vous avez utilisé des ingrédients frais. Il est possible de filtrer et de conserver le bouillon de viande issu de la cuisson, peut-être en le congelant dans les moules à glace, afin de le préparer et de le porter à chaque occasion!

Pain aux céréales

Préparation: 40 minutes / Cuisson: 45 minutes

Ingrédients

- 150 g Farine du Manitoba
- 75 g Farine de blé tendre complète
- 75 g Farine d'épeautre entière

- 205 g Eau à température ambiante
- 1,75 g Levure sèche
- 5 g Miel
- Sel jusqu'à 8 g

- De l'eau pour brosser le pain au goût
- 65 g Mélange de graines

Méthode

1. Pour préparer du pain aux céréales, commencez par prendre un mélangeur planétaire muni d'une feuille dans laquelle vous verserez la farine du Manitoba, l'intégrale et aussi celui de l'épeautre.
2. Ajouter la levure et chérie. Démarrez le mélangeur planétaire à faible vitesse en ajoutant lentement de l'eau à température ambiante: il faudra environ 10 minutes pour bien mélanger les ingrédients.
3. Lorsque vous avez obtenu un mélange homogène, retirez le vantail et montez le crochet : en pétrissant à vitesse moyenne, ajoutez 50 g de graines mélangées. Pétrir pendant environ 2 minutes pour les mélanger avec le mélange. Enfin, versez le sel et continuez à pétrir jusqu'à ce que le mélange soit enfilé sur le crochet et que le sel ne soit pas complètement absorbé: cela prendra encore 5 minutes. Récupérez le mélange obtenu en lui donnant la forme d'une boule et disposez-le dans un grand bol. Laisser monter au four avec la lumière allumée pendant environ 1 heure et demie.
4. Après le temps de levée, la pâte doit avoir doublé de volume. Transférer sur une planche à pâtisserie légèrement farinée Et étalez-le légèrement avec vos mains. Donnez-lui un pli de renfort: pour cette opération ramenez les parties externes de la pâte vers l'intérieur. Répétez cette opération jusqu'à ce que vous ayez 6 plis, puis formez un pain que vous transférerez, si nécessaire à l'aide d'un tarot, dans une casserole perforée. Remettez-le au four avec la lumière allumée pour le deuxième levain. Laisser lever au moins 1 heure. À ce stade, le pain aura doublé de volume.
5. Sortez-le du four et faites des coupes diagonales à la surface du pain puis saupoudrez-le d'eau.
6. Saupoudrer la surface avec 10 g de graines mélangées uniformément et les faire bien adhérer. Réglez le four froid en mode pain. Laissez votre pain aux céréales cuire ainsi. Après 45 minutes, il sera cuit, sortez-le du four, coupez-le en tranches et ... portez-le à table encore fumant!

Conseil

- Nous vous recommandons de consommer du pain aux céréales fraîchement préparé. Vous pouvez également le conserver environ 3 jours dans un sachet à l'abri de la lumière et de la chaleur.
- Si vous préférez, vous pouvez également le congeler, de préférence déjà en portions, dans les sacs de congélation appropriés pendant 1 mois maximum.

Bœuf bourguignon

Préparation: 60 minutes / Cuisson: 4 h

Ingrédients

- 1,5 kg Boeuf, noix ou croupe
- 1 l Vin rouge de Bourgogne
- 200 g Bacon (étiré) avec couenne
- 200 g Carottes
- 200 g Oignons
- 30 g farine
- 25 g Pâte de tomate
- 1 l Bouillon de bœuf
- 50 ml d'huile d'olive extra vierge

- 2 gousses d'ail
- 3 brins Thym
- 3 feuilles Laurel
- 1 brin de romarin
- Poivre noir au goût
- Saler au goût
- **POUR LES OIGNONS**
- 300 g Oignons de printemps
- 100 ml Bouillon de bœuf
- 1 feuille de laurier
- 10 g Beurre
- 1 cuillère à soupe d'huile d'olive extra vierge

- Saler au goût
- Poivre noir au goût
- **POUR CHAMPIGNONS**
- 500 g Champignons champignon
- 2 cuillères à soupe d'huile d'olive extra vierge
- 1 gousse d'ail
- 1 cuillère à soupe Persil à hacher
- Saler au goût
- Poivre noir au goût

Méthode

1. Pour préparer le bœuf bourguignon, coupez la pulpe de bœuf en cubes d'environ 7 à 8 cm et séchez-les avec du papier absorbant, à partir de l'excès de liquide. Séparez la croûte du morceau de bacon, enlevez les os ou le cartilage et coupez le bacon en petits morceaux.

2. Blanchir le bacon et la croûte dans l'eau bouillante pendant au moins 10 minutes, en écrémant l'eau avec une écumoire, puis tout égoutter et mettre de côté. Chauffer une grande casserole en fonte, basse et large (environ 35x30 cm), également adaptée pour une utilisation au four, sur la cuisinière; ajouter un filet d'huile et le bacon en morceaux, en laissant la croûte de côté.

3. Faites dorer le bacon à feu doux pendant 10 minutes, après quoi vous égoutterez les morceaux de bacon et les retirerez de la poêle. Dans le même gras, saisissez maintenant la viande à feu vif, en plaçant quelques morceaux à la fois, bien espacés les uns des autres pour qu'ils cuisent uniformément. Faire dorer les morceaux de viande de tous les côtés pendant quelques minutes en les retournant souvent avec des pinces et en faisant attention de ne pas brûler le fond. Si nécessaire, ajoutez un peu d'huile pour éviter de laisser brûler le fond de la casserole.

4. Une fois la viande dorée, placez-la sur un autre plat Épluchez les oignons et les carottes, coupez-les en morceaux et ajoutez-les au jus de cuisson dans la casserole. Faites cuire à feu moyen pendant 10 minutes et une fois qu'ils sont dorés, ajoutez le bacon viande, assaisonner de sel et de poivre, remuer et après environ cinq minutes de cuisson, lorsque la viande est sèche, ajoutez la farine tamisée en deux étapes.

5. Préchauffer le four à convection à 250 ° C (température maximale si statique) et placer la casserole (sans couvercle) à l'intérieur pendant 10 minutes en prenant soin, après les 5 premiers, de remixer la viande; de cette façon, une croûte bien dorée se formera autour des cubes de viande. Après le temps indiqué, sortez la casserole du four et saupoudrez-la de vin rouge. Prenez une louche de bouillon de

bœuf et utilisez-la pour diluer la pâte de tomate. Pendant ce temps, baissez la température du four à 130 ° et mettez-le en mode statique (si vous n'avez pas cette possibilité, portez le four à chaleur tournante à 110 °).

6. Ajouter le bouillon restant dans la casserole: les liquides doivent recouvrir la viande d'au moins 1 cm au-dessus. Ajoutez également la pâte de tomate diluée et le zeste de bacon.

7. Mélangez les herbes aromatiques, la feuille de laurier, le thym et le romarin dans un bouquet tenu par un fil de ficelle de cuisine et placez-les dans la casserole avec deux gousses d'ail écrasées. Portez le tout à ébullition et à ce moment-là, couvrez la casserole avec le couvercle et cuire au four à 130 ° pendant au moins 3 heures. Le liquide, tout ce temps, doit mijoter légèrement. Après 3 heures, éteignez le four et laissez refroidir le bœuf bourguignon.

8. Pendant ce temps, faites cuire les légumes: nettoyez les oignons en éliminant la partie dure; mettre le beurre et l'huile dans une casserole avec une feuille de laurier puis ajouter les oignons et les faire dorer 10 minutes. Ajouter 100 ml de bouillon, couvrir la casserole et faites cuire pendant une demi-heure, jusqu'à ce que les oignons soient tendres et dorés.

9. Nettoyez les champignons de Paris de la terre et coupez-les en quartiers ou en moitiés s'ils sont petits. Dans une casserole, dorer l'ail dans l'huile; ajouter les champignons et faire sauter pendant 5 à 10 minutes à feu vif, puis ajouter du sel et du poivre et ajouter un peu de bouillon jusqu'à ce qu'ils soient cuits, laissant les champignons encore croquants (encore 15 à 20 minutes). Terminer par une pincée de persil haché.

10. Une fois le bœuf refroidi, sortez les morceaux de viande de la casserole et placez-les dans un bol à côté. Faire la même chose avec le bouquet d'herbes aromatiques et l'écorce. Transférer le jus de cuisson de la viande dans un autre bol.

11. Remettre la viande dans la poêle; recueillir le jus de cuisson des champignons directement dans le bol où se trouve l'autre liquide et ajoutez les champignons à la viande dans la poêle.

12. Faites de même avec le fond des oignons et transférez-les avec la viande. Avec un mélangeur à immersion, réduisez les liquides en purée. Vous pouvez dégraisser la sauce obtenue, en la plaçant au réfrigérateur (ou au congélateur), jusqu'à ce que la graisse se soit solidifiée et ait émergé à la surface, afin qu'elle puisse être facilement éliminée. Remettre la sauce sur le feu est laissez-le rétrécir jusqu'à ce qu'il voile le dos d'une cuillère. Si vous souhaitez l'épaissir plus rapidement, vous pouvez dissoudre une cuillère à soupe de farine dans un demi-verre d'eau froide, verser le mélange dans la sauce à travers une passoire et bien mélanger avec un fouet. Assaisonner de sel si nécessaire et verser la sauce dans la casserole sur la viande, les champignons et les oignons. Porter le tout à ébullition et poursuivre la cuisson environ 15-20 minutes: votre bœuf bourguignon est prêt!

13. Servez-le seul ou accompagné de riz cuit dans un bouillon de bœuf ou avec des pâtes fraîches que vous habillerez avec le fond du bœuf lui-même!

Conseil

• Conservez le bœuf bourguignon quelques jours au réfrigérateur dans un contenant hermétique.

Ragoût de viande aux oignons

Préparation: 15 minutes / Cuisson: 1 h 30 minutes

Ingrédients

- 1 tige Céleri
- 2 Carottes
- 600 gr Oignons rouges
- 200 g Purée de tomates
- 1/2 tasse (100 ml) Vin rouge
- Sel au goût
- Poivre au goût
- Huile d'olive au goût
- Bouillon de viande au goût
- 800 gr Veau de bœuf

Méthode

1. Pour préparer le ragoût de viande aux oignons, commencez par hacher le céleri et carottes qui servira de base pour le sauté. Faites chauffer une grande poêle avec deux cuillères à soupe d'huile, ajoutez le céleri et les carottes hachés et faites cuire le sauté.
2. Coupez également les oignons en fines tranches et mettez-les de côté. Pendant ce temps, préparez la viande: coupez le veau en bouchées et quand la sauce est prête, ajoutez les morceaux de viande et faites-les dorer.
3. Déglacer au vin rouge et ajoutez les tranches d'oignon.
4. Poursuivre la cuisson à feu doux ajouté progressivement le bouillon de viande, ajouter enfin la purée de tomates.
5. La cuisson du ragoût prendra environ 1 heure. Une fois la sauce absorbée par la viande, assaisonner avec du sel et poivre. Le ragoût de viande et d'oignon est prêt lorsque la viande est tendre et que les oignons sont bien cuits.

Rôti à l'orange

Préparation: 20 minutes / Cuisson: 2 h

Ingrédients

- 1 kg Boeuf
- 2 Jus d'orange
- 1 Oranges
- 40 g Beurre
- Huile d'olive extra vierge au goût

- 100 g Vin blanc
- 200 g Brandy
- Saler au goût
- 1 Oignons blancs
- 2 cuillères à café Amidon de maïs (fécule de maïs)

- 1 cuillère à café d'eau
- **POUR GARNIR**
- 1Oranges
- Fleur de sel au goût

Méthode

1. Pour faire le rôti d'orange, épluchez d'abord l'orange vivante et coupez-le en tranches. Nettoyez et émincez l'oignon. Ensuite, nouez la viande en suivant notre carte comment nouer le rôti.

2. Dans une casserole assez grande versez le beurre et un filet d'huile. Ajoutez ensuite l'oignon et faites-le dorer à feu très doux. Augmentez le feu et placez le rôti.

3. Faire dorer la viande à feu vif d'un côté à l'autre. Transférez la viande et oignons dans un plat allant au four.

4. Placez les tranches d'orange pelées sur la surface. Cuire dans un four statique préchauffé à 170 °, en prenant soin de surveiller la cuisson avec une sonde placée au cœur de la viande et cuire jusqu'à ce qu'elle atteigne une température de 60 ° (cela prendra environ 40-45 minutes). Pendant la cuisson, saupoudrez de temps en temps la surface avec la base. Sortez la viande du four.

5. Transférez-le sur une feuille d'aluminium enduite intérieurement de papier sulfurisé. Envelopper la viande et laissez reposer juste le temps de prendre soin de la sauce qui accompagnera le rôti. Transférer les oignons et les oranges cuits avec le rôti dans une casserole et ajouter le jus d'orange, le brandy et vin blanc. Ajoutez du sel et faites cuire en laissant la partie alcoolique s'évaporer complètement. Séparément, préparez un petit bol dans lequel vous diluez les deux cuillères à café de fécule de maïs avec une cuillère à café d'eau et mélanger.

6. Alors ajoutez ce mélange à la sauce et fais-le rétrécir juste assez. Mélanger la sauce avec un mélangeur à immersion et gardez-le au chaud dans une casserole.

7. Couper une orange en tranches, puis retirez la ficelle qui enveloppe la viande et trancher.

8. Prenez un plat de service, versez une couche de sauce sur le fond, puis déposez les tranches de viande, ceux d'orange et de sel à déguster à la fleur de sel. Saupoudrer la surface avec la sauce et servir le rôti à l'orange chaude.

Conseil

- Vous pouvez conserver le rôti d'orange au réfrigérateur pendant quelques jours, dans un récipient bien fermé, ou le congeler si vous avez utilisé des ingrédients frais.

Pommes de terre de riz et moules

Préparation: 30 minutes / Cuisson: 1 h

Ingrédients

- 500 g Moules
- 500 g Pommes de terre
- 1 gousse d'ail
- 50 g Chapelure
- 25 g Persil
- 300 ml d'eau

- 300 g Riz Carnaroli
- Saler au goût
- Huile d'olive extra vierge au goût
- Poivre noir au goût
- 50 g fromage parmesan à râper 50 g

Méthode

1. Pour préparer le riz, les pommes de terre et les moules, commencez à nettoyer les moules: retirez le byssus de chaque moule et éliminez les impuretés sur la coque à l'aide d'une laine d'acier. Avec un petit couteau, ouvrez-les en partant de la pointe et en faisant un tour en suivant le bord de la coquille de la moule, en prenant soin de collecter le liquide qui s'échappe dans un récipient.

2. Amenez le mollusque de la valve supérieure à la valve inférieure et retirez la valve vide. Filtrer le liquide renversé à travers une passoire à mailles fines et mettre de côté.

3. Maintenant, préparez la panure: hachez finement l'ail et ajoutez-le à la chapelure; puis hachez le persil et ajoutez-en la moitié à la chapelure. Remuer et ajouter l'huile d'olive extra vierge.

4. Épluchez les pommes de terre et coupez-les en quartiers. Prendre un plat de cuisson carré de 23 cm et couvrir le fond d'huile d'olive extra vierge, déposer les pommes de terre, salez et poivrez et ajoutez une pincée de persil.

5. Poursuivre avec une couche de moules, saupoudrer de parmesan et continuer à ajouter le riz cru. Ajoutez maintenant le liquide des moules que vous avez gardé de côté en prenant soin de le verser doucement sur l'ensemble de la casserole.

6. Continuez avec une autre couche de pommes de terre, moules et riz, ajoutez une pincée de persil, sel et poivre et complétez la couche avec de la chapelure. Ajouter doucement l'eau, d'un côté de la casserole, jusqu'à ce qu'elle atteigne juste en dessous de la panure. Compléter avec un filet d'huile et cuire le riz, les pommes de terre et les moules, dans la partie inférieure du four, à 180 ° pendant 60 minutes dans un four statique. La surface doit être dorée et vos riz, pommes de terre et moules seront prêts à être dégustés!

Conseil

- Conservez le riz, les pommes de terre et les moules au réfrigérateur, dans un récipient avec couvercle, pendant une journée maximum. Ensuite, laissez refroidir avant de servir.

Pâtes au brocoli

Préparation: 30 minutes / Cuisson: 1 h

Ingrédients

- 320 g Brocoli frais
- 450 g Brocoli
- 1Ail
- Huile d'olive extra vierge au goût
- Saler au goût
- Poivre noir au goût

Méthode

1. Pour faire les pâtes au brocoli, retirez d'abord les fleurons de brocoli du noyau central, puis rincez-les sous l'eau courante. Porter à ébullition une casserole remplie d'eau salée et versez le brocoli à ébullition.

2. Cuire une dizaine de minutes. Dans une poêle basse, faire revenir la gousse d'ail avec un filet d'huile, puis égouttez le brocoli.

3. Gardez quelques petits fleurons entiers de côté, que vous ajouterez ensuite aux pâtes finies. Gardez l'eau dans laquelle vous les avez cuits, couvrez-les de cette eau, salez, poivrez et faites cuire à feu moyen-doux pendant environ 20 minutes, ou au moins jusqu'à ce qu'ils soient cuits et presque crémeux. Retirez la gousse d'ail.

4. Faites cuire les brocolis al dente dans l'eau dans laquelle vous avez cuit les brocolis portés à ébullition, ajustez les heures selon les instructions de l'emballage. Ajouter le brocoli entier au reste de la vinaigrette.

5. Ajouter une louche d'eau de cuisson en ajustant selon le crémeux de la sauce. Passer les pâtes avec le brocoli pendant quelques instants puis servez-le chaud avec du poivre au goût.

Conseil

- Les pâtes au brocoli peuvent être conservées au réfrigérateur pendant une journée. Vous pouvez congeler la vinaigrette après la cuisson.

Risotto à la saucisse et au Nebbiolo

Préparation: 15 minutes / Cuisson: 30 minutes

Ingrédients

POUR LE RISOTTO
- 320 g Riz Carnaroli
- ½ cuillère à soupe d'huile d'olive extra vierge
- 20 g Beurre
- ½ Oignons

POUR LA SAUCISSE
- 300 g Saucisse de soutien-gorge
- Bouillon de viande 1 l
- Vin blanc 80 g

- Oignon de printemps frais 1
- Huile d'olive extra vierge 10 g
- Beurre 20 g
- Nebbiolo 125 g
- 1 brin de romarin
- Feuille de laurier 1 feuille

FOUETTER
- 40 g Beurre
- 60 g Fromage parmesan

Méthode

1. Pour préparer la saucisse et le risotto au Nebbiolo, commencez par préparer le bouillon de viande qui sera ensuite utilisé chaud pour la recette. Passez ensuite à éplucher l'oignon de printemps en enlevant la barbe et presque toute la partie verte. Retirez la couche la plus externe et coupez l'oignon de printemps en tranches dans le sens de la longueur.

2. Dans une poêle, faites chauffer 20 g d'huile, 20 g de beurre et versez l'oignon nouveau pour le faire dorer à feu doux. Ajouter une pincée de poivre et quand il est doré, éteindre le feu et réserver l'oignon nouveau garder le jus de cuisson.

3. Continuez avec la saucisse: coupez la saucisse Bra en morceaux pour enlever plus facilement le boyau qui la recouvre; puis coupez la pulpe en petits morceaux. Remettez le feu sous la poêle avec laquelle vous avez fait dorer l'oignon de printemps et faites revenir légèrement la feuille de laurier et un demi brin de romarin. En attendant, vous pouvez hacher finement l'autre demi-brin et le garder de côté, puis servir pour compléter le plat.

4. Maintenant, vous pouvez combiner les morceaux de saucisse dans la casserole et ne le grillez bien que d'un côté tandis que l'autre doit rester plus doux, il ne sera donc pas nécessaire de le tourner. Puis mélangez avec le Nebbiolo et laissez le jus de cuisson réduire lentement. Quand la sauce est réduite, vous pouvez retirer du feu et laisser refroidir.

5. Ensuite, vous pouvez passer au risotto: épluchez l'oignon et hachez-le finement; versez une demi-cuillère à soupe d'huile et 20 g de beurre dans une casserole à fond épais. Faire dorer l'oignon et après quelques instants, ajoutez aussi le riz. Il ne sera pas nécessaire de porter un toast pendant longtemps,

6. Saupoudrer presque immédiatement de vin blanc, puis ajoutez quelques louches de bouillon de bœuf chaud et baisser le feu pour faire gonfler lentement le riz. Vous devriez voir des bulles pas trop développées.

7. Continuez à verser le bouillon au besoin et mélanger progressivement pour amener le riz à cuire. Lorsqu'il reste 5 minutes, éteignez le feu et incorporez le risotto en ajoutant 40 g de beurre et de parmesan. Remuer, laisser reposer le riz pendant les 4 dernières minutes, ensuite vous pouvez servir: versez le riz dans des plats de service et la saucisse au centre, avec l'oignon de printemps, une pincée de poivre et le romarin préalablement haché. Vous pouvez servir votre risotto à la saucisse.

Conseil

- Il est conseillé de consommer la saucisse et le risotto au Nebbiolo dès qu'il est prêt.
- Il peut être conservé au maximum une journée au réfrigérateur fermé dans un contenant hermétique.

Braisé aux champignons et au vin rouge

Ingrédients

- 1 kg Bœuf rond
- 100 g Carottes
- 70 g Céleri
- Vin rouge 750 ml
- De l'eau au goût

- 3 Clou de girofle
- 3 Poivre noir
- 300 g Champignons mélangés (champignons et ongles)

- Saler au goût
- Poivre noir au goût

Méthode

1. La première chose à faire lors de la préparation du bœuf braisé aux champignons et au vin rouge est de faire mariner la viande: épluchez les carottes et coupez-les en gros cubes. Faites de même avec le bâton de céleri. Prends le steak, séchez-le de tout sang résiduel et placez-le dans un grand bol. Assaisonnez-le avec des clous de girofle et des grains de poivre, puis ajoutez les légumes verser le vin et suffisamment d'eau pour recouvrir complètement la viande, envelopper le bol d'une pellicule plastique faire mariner la viande au réfrigérateur pendant au moins 12 heures jusqu'à un maximum de 24. Une fois le temps de marinade écoulé, égoutter la viande du liquide en prenant soin de la conserver, chauffer un filet d'huile d'olive dans une poêle, déposez la viande à l'intérieur faire dorer à feu vif de tous les côtés, puis recouvrez-le de la marinade mise de côté et légumes, couvrez avec le couvercle et faites braiser la viande à feu doux (l'eau doit être en remuant) pendant au moins 3 heures, en prenant soin de la retourner de temps en temps. Les temps de cuisson dépendent beaucoup de la viande que vous achetez, la cuisson peut être prolongée jusqu'à 6 heures.

2. En attendant, prenez soin des champignons: nettoyez les champignons de Paris, coupez la partie terreuse de la tige, puis enlevez les résidus de terre avec un chiffon humide ou une brosse de cuisine et coupez-les en fines tranches. Procédez de la même manière avec les clous: coupez la dernière partie des tiges et retirez la partie terreuse. Faites bouillir les champignons pendant 15 à 20 minutes avant de les utiliser dans la recette.

3. Dans une poêle, chauffer l'huile d'olive, puis ajouter les champignons, salés, poivre et cuire 10 minutes en remuant souvent. Lorsque la viande est prête, retirez-la de la poêle et placez-la dans un bol, Transférer le jus de cuisson de la viande dans une casserole ou un bol plus petit et mélanger le tout avec le mélangeur à immersion, de manière à obtenir une sauce épaisse. Versez le jus de cuisson dans la casserole avec les champignons, le fond sera très concentré, étirez-le avec de l'eau et poursuivez la cuisson quelques minutes pour parfumer les champignons. Trancher la viande braisée et déposer les tranches sur un plat de service, assaisonnées de sauce aux champignons et servez-le chaud.

Conseil

- Conserver le bœuf braisé aux champignons et au vin rouge, fermé dans un contenant hermétique et placé au réfrigérateur, pendant 2 jours maximum. Vous pouvez le congeler si vous avez utilisé des ingrédients frais.

Poulet Yassa

Préparation: 20 minutes / Cuisson: 40 minutes

Ingrédients

- **POUR LE POULET**
- 1,5 kg Poulet entier ou déjà en morceaux
- 1,2 kg Oignons blancs (environ 5)
- 2 gousses d'ail
- 1 Jus de citron (environ 40 g)
- 80 ml Huile d'olive extra vierge
- 50 g Moutarde de Dijon
- 1 cuillère à café Piment doux
- 1 l Bouillon de poulet
- Saler au goût
- Poivre noir au goût
- **POUR LE RIZ**
- 300 g Riz basmati
- 800 ml d'eau
- 1 Bâtons de cannelle
- 3 Clou de girofle
- Un peu Graines de cumin
- 30 g Huile d'olive extra vierge

Méthode

1. Pour préparer le poulet yassa, commencez par couper le poulet; avec les restes, vous pouvez préparer le bouillon de poulet qui sera utilisé pour la recette. Divisez-le en différentes parties: cuisses, poitrine, ailes avec un couteau spécial.

2. Versez les morceaux de poulet dans une grande casserole après avoir bien huilé le fond et faites dorer la viande quelques minutes à feu vif en la retournant pour une cuisson uniforme.

3. Retirez ensuite le poulet de la poêle et placez-le sur une plaque à pâtisserie, puis gardez-le de côté au feu. Pendant ce temps, hachez finement les oignons blancs et versez-les dans la même casserole dans laquelle vous avez conservé le jus de cuisson du poulet Faites-le cuire à feu doux pendant environ 10 minutes, en remuant pour l'empêcher de coller au fond.

4. Ajouter l'ail piment et moutarde .versez également du bouillon de poulet pour favoriser la cuisson lente et sucrée de l'oignon, Assaisonnez avec du sel et du poivre selon votre goût.

5. Remuer pour mélanger les ingrédients, presser le jus de citron et ajoutez-le à l'oignon; cuire encore 5 à 6 minutes ou jusqu'à ce que l'oignon soit très tendre.

6. Lorsque ce dernier est fané, ajoutez le poulet laissez-le aromatiser en le retournant plusieurs fois, puis ajoutez le bouillon de poulet pour qu'il recouvre la viande et cuire au moins 25-30 minutes. Une fois qu'il est prêt, éteignez le feu et gardez au chaud.

7. Pendant la cuisson du poulet, préparez le riz qui l'accompagne: rincez le riz sous l'eau courante, puis faites-le tremper dans de l'eau à température ambiante et couvrir d'un film plastique: doit reposer pendant au moins 20 minutes.

8. Dans une casserole versez l'huile et les épices faites-les dorer à feu moyen; pendant ce temps, égouttez bien le riz et réservez l'eau de trempage. Versez le riz dans la casserole avec les épices et faire griller quelques instants en remuant avec une spatule. Ajoutez ensuite l'eau dans laquelle vous aviez trempé le riz. L'eau devra recouvrir le riz et bouillir au moins 5-6 minutes.

9. Après ce temps, couvrez avec le couvercle et laissez cuire encore 10 à 15 minutes, jusqu'à ce que toute l'eau soit incorporée; en fait, une fois cuit, il doit être très sec; vous pouvez ensuite servir le poulet yassa accompagné de riz blanc.

Conseil

- Conservez le poulet yassa au réfrigérateur dans un contenant hermétique pendant 1 à 2 jours. Vous pouvez congeler du poulet si vous avez utilisé des ingrédients frais qui n'ont pas été décongelés.

Risotto aux crevettes, courgettes et fleurs de courgettes

Préparation: 25 minutes / Cuisson: 1 h 30 minutes

Ingrédients

- **POUR LE RISOTTO**
- 320 g Riz Carnaroli
- 500 g Crevettes
- 2 Courgettes
- 12 Fleurs de courgettes
- 1 Échalote
- 30 g Beurre
- 50 ml Vin blanc
- Huile d'olive extra vierge au goût
- Saler au goût
- Poivre noir au goût
- 2 cuillères à soupe Fromage parmesan à râper
- **POUR LE DESSIN ANIMÉ DE CRUSTACÉS**

- 1 l d'eau
- 50 ml Vin blanc
- 1 Poireaux
- 1 gousse d'ail
- 1 brin de persil
- Huile d'olive extra vierge au goût
- Saler au goût
- Poivre noir au goût
- **POUR LA FARCE DES FLEURS DE COURGETTES**
- 450 g Ricotta au lait de vache
- 2 filets Anchois à l'huile
- Poivre noir au goût

Méthode

1. Pour préparer le risotto aux crevettes, courgettes et fleurs de courgettes, commencez à couper les courgettes en julienne: coupez les courgettes pour enlever les extrémités, puis mettez-les dans le robot culinaire équipé d'un disque à julienne. Ensuite, placez les courgettes coupées à égoutter pour éliminer le liquide de végétation.

2. Pendant ce temps, épluchez les crevettes en séparant la viande des coquilles qui seront utilisées pour la bande dessinée: retirez la tête (si présente), puis les pattes et la coquille extérieure. Assemblez le fouet en caoutchouc et dans le bol du robot culinaire, versez un filet d'huile d'olive, l'ail émincé et le poireau, pelé et coupé en tranches; régler le bouton de température sur 140 ° avec la vitesse 1.

3. Ajoutez également les carapaces; réglez le bouton de vitesse sur 2 pour que le fouet se mélange par intermittence. Puis mélanger avec le vin blanc, ajoutez un peu de persil, sel et poivre au goût.

4. Ajoutez également l'eau et cuire jusqu'à ce que le niveau de liquide soit réduit de moitié. Après quelques minutes de cuisson, baisser la température à 100-110 ° et augmenter la vitesse à 3: de cette façon la pause de mélange sera plus longue. Pendant que la bande dessinée cuit, consacrez-vous aux fleurs de courgettes farcies à la ricotta: tamisez cette dernière pour la rendre plus crémeuse.

5. Assaisonner la ricotta avec les anchois égouttés de l'huile de conservation et moudre le poivre au goût; remplir un sac-à-poche sans buse avec la crème de ricotta obtenue. Ensuite, prenez les fleurs de courgettes, lavez-les et séchez-les doucement avec du papier absorbant, puis retirez les excroissances du bas, ouvrez-les doucement pour enlever le pistil interne sans percer le fond. Maintenant, vous

pouvez les farcir de crème à la ricotta, et fermez chaque fleur en vissant doucement les feuilles pour sceller la garniture. Retirez le fouet caoutchouté et montez le panier vapeur; arrangez les fleurs dans un motif radial et cuire 5 à 7 minutes.

6. Ensuite, faites la même opération avec les crevettes aussi, faites-les cuire pendant 2 minutes. Versez le bouillon de crustacés dans un bol en le filtrant avec une passoire à mailles fines. Versez ensuite le beurre dans le bol du robot culinaire pour le faire fondre; ajoutez l'échalote hachée et faites-la frire en réglant la température à 120 ° et la vitesse 1. Au bout de deux minutes, ajoutez le riz et faites-le griller pendant 2 minutes.

7. Puis mélanger avec le vin blanc et laissez-le s'évaporer, augmentez la vitesse à 2 et faites cuire le riz pendant au moins 20 minutes, en ajoutant une louche à la fois de fumet de temps en temps. 8 minutes avant la fin de la cuisson ajoutée les courgettes, deux minutes avant la fin de la cuisson ajouter les crevettes, puis à la fin de la cuisson incorporer le parmesan râpé (vous pouvez l'omettre si vous ne l'aimez pas). Lorsque le risotto est prêt, éteignez le robot culinaire et servir en garnissant chaque assiette de risotto de crevettes et courgettes avec 3 fleurs de courgettes à la ricotta!

Conseil

- Conserver le risotto aux crevettes, courgettes et fleurs de courgettes au réfrigérateur dans un récipient hermétique pendant 1 jour.
- Vous pouvez conserver les fleurs de courgettes farcies au réfrigérateur pendant 1 jour.
- La congélation n'est pas recommandée.

Kleftiko d'agneau

Préparation: 25 minutes / Cuisson: 1 h 30 minutes

Ingrédients

- 1,3 kg Gigot d'agneau (à désosser)
- 700 g Pommes de terre
- 400 g Tomates cuivrées
- 200 g Fromage feta
- 1 Oignons rouges

- 3 brins Romarin
- Huile d'olive extra vierge au goût
- Saler au goût
- Poivre noir au goût
- **POUR LA MARINADE**

- 150 g Jus de citron (environ 3)
- 120 g Vin blanc sec
- 3 brins Thym
- 4 Baies de genièvre
- Poivre noir au goût

Méthode

1. Pour préparer l'agneau Kleftiko, nettoyez d'abord le gigot d'agneau: retirez la couche externe de graisse et de tissu conjonctif, enlevez l'os et coupez la pulpe en cubes d'environ 4-5 cm: en tout, vous devriez obtenir environ 890 g de viande désossée et nettoyée.

2. Transférer les cubes de viande dans un bol et ajouter le jus de citron, vin blanc, les feuilles de thym, baies de genièvre et une mouture de poivre, puis bien mélanger, couvrir d'un film plastique et placez le bol au réfrigérateur pour laisser mariner pendant environ 30 minutes.

3. En attendant, prenez soin de la préparation des autres ingrédients: épluchez l'oignon et coupez-le en tranches pas trop fines; laver et éplucher les pommes de terre, puis les couper en morceaux d'environ 3 cm pour qu'elles ne se défassent pas pendant la cuisson. Enfin, lavez et coupez les tomates en morceaux de la même taille que les pommes de terre. Mélangez tous les légumes dans un bol et réservez momentanément.

4. Une fois le temps de marinade écoulé, retirez l'agneau avec une cuillère à trous et transférez-le dans un bol plus grand, éliminant ainsi l'excès de marinade. Ajouter le mélange de légumes préalablement préparé et assaisonner avec l'huile Romarin, sel et poivre, puis bien mélanger.

5. Enfin, coupez la feta en cubes et découpez 8 feuilles de papier sulfurisé mesurant 33x36 cm. Disposer 4 feuilles sur le plan de travail et répartir le mélange d'agneau et de légumes également au centre de chaque, puis émietter sur la feta en la divisant entre les 4 portions.

6. Maintenant, fermez la feuille de papier parchemin comme s'il s'agissait d'un paquet cadeau en pliant les rabats supérieur et inférieur vers le centre afin qu'il recouvre le contenu, et faire de même avec les deux volets latéraux. Placer l'emballage ainsi obtenu au centre d'une autre feuille de papier sulfurisé et fermez-le aussi de la même manière en repliant les rabats vers le centre.

7. Lorsque vous avez à nouveau obtenu un paquet, attachez-le avec de la ficelle de cuisine, en l'arrêtant au centre avec un arc et disposez les colis sur une plaque à pâtisserie. Cuire au four statique préchauffé à 150 ° pendant environ 4 heures, après quoi votre agneau Kleftiko sera prêt à être servi chaud.

8. Une fois la feuille ouverte, mélangez le contenu pour bien mélanger toutes les saveurs!

Conseil

- L'agneau Kleftiko peut être conservé au réfrigérateur jusqu'à 2 jours. La congélation n'est pas recommandée.

Cerf en cruche avec polenta de sarrasin

Préparation: 30 minutes / Cuisson: 4 h

Ingrédients

- **POUR LE CHEVREUIL**
- 1 kg Pulpe de chevreuil
- 50 g Oignons
- 60 g Carottes
- 60 g Céleri
- 50 g Beurre
- 40 ml Huile d'olive extra vierge
- Saler au goût
- Poivre noir au goût

- **POUR LA MARINADE**
- 500 g Vin rouge
- 40 g Oignons
- 3 Baies de genièvre
- 5 g d'ail
- 4 feuilles Sauge
- 2 feuilles de laurier
- 3 g Romarin
- 2 g Fenouil sauvage
- 1 g Clou de girofle

- **POUR LA POLENTA**
- 1 l d'eau
- 150 g Semoule de maïs désirée
- 100 g Farine de sarrasin
- 15ml d'huile d'olive extra vierge
- Gros sel au goût

Méthode

1. Pour préparer du chevreuil avec de la polenta de sarrasin, commencez par faire mariner la viande. Commencez par rincer le chevreuil sous l'eau courante, puis mettez-le dans un bol et ajoutez le fenouil sauvage. Baies de genièvre, clous de girofle, ajoutez également les feuilles de laurier, l'oignon pelé et divisé en 4 parties et ail entier pelé.

2. Bien mélanger, ajoutez le vin rouge, puis recouvrir d'un film plastique et laisser mariner au réfrigérateur pendant environ 20 heures.

3. Une fois le temps de marinage écoulé, épluchez et hachez finement l'oignon, lavez et épluchez le céleri et la carotte, puis hachez-le tout très finement et versez le hachis dans une casserole avec l'huile d'olive extra vierge et le beurre qui sera entre-temps lâche. Faites frire le hachis pendant environ 10 minutes à feu très doux, en remuant de temps en temps.

4. À ce stade, après avoir sorti la viande du réfrigérateur, égouttez-la à l'aide d'une passoire en récupérant la marinade dans un petit bol. Gardez également les herbes de côté et versez la viande uniquement dans la poêle avec le sauté, augmentez le feu et faites dorer au moins 15 minutes en remuant de temps en temps!

5. Ajouter les épices mises de côté et la marinade. Assaisonner de sel et de poivre, couvrir d'un couvercle et cuire à feu très doux pendant au moins 4 heures, jusqu'à ce que la viande soit bien cuite et tendre.

6. Après trois heures de cuisson les œufs se sont écoulés, commencez à préparer la polenta: mélangez les deux farines saupoudrer, puis dans une casserole à bords hauts mettre 1 kg et 340 g d'eau, saler et ajouter l'huile, les farines et mélanger un peu au fouet. Prenez une cuillère en bois et continuez de remuer, faites cuire pendant environ une heure. La polenta doit s'épaissir et se révéler.

7. Une fois la viande de chevreuil cuite et la polenta prête, servez la viande de chevreuil en plaçant d'abord la polenta sur l'assiette. Et y placer progressivement la viande, vous aidant avec des pinces. Votre chevreuil à la polenta de sarrasin est prêt à être dégusté!

Conseil

- Il est préférable de consommer la viande de chevreuil fraîchement préparée et la polenta lorsqu'elle est chaude, sinon vous pouvez conserver la viande de chevreuil pendant 3 ou 4 jours maximum au réfrigérateur, fermé dans un contenant

Risotto aux courgettes et pesto de chèvre

Préparation: 15 minutes / Cuisson: 25 minutes

Ingrédients

- 320 g Riz Carnaroli
- 70 g Fromage de chèvre
- 1 l Bouillon de légumes
- 40 ml Vin blanc sec
- 40 g Échalote
- Saler au goût
- Huile d'olive extra vierge au goût
- **POUR LE PESTO DE COURGETTES**

- 200 g Courgettes
- 20 g Pignons de pin
- 20 g Basilic
- 10 g Amandes effilées
- ½ gousse d'ail
- Huile d'olive extra vierge au goût
- Saler au goût
- Poivre noir au goût

Méthode

1. Pour faire le risotto aux courgettes et pesto de chèvre, commencez par laver les courgettes, enlevez les extrémités et, à l'aide d'une râpe à gros trous, hachez-les. Placez les courgettes râpées dans une passoire et salez-les légèrement pour qu'elles perdent l'excès de liquide. Pendant ce temps, mettez les feuilles de basilic dans le mixeur, puis ajoutez aussi les amandes, les pignons de pin et demi ail pelé. Ajouter un filet d'huile et une pincée de sel, selon vos goûts. Mélangez tout pendant une minute en attendant, reprenez les courgettes qui ont perdu leur eau de végétation.

2. Ajouter les courgettes au mélange avec un autre filet d'huile et complétez le pesto avec un dernier tour de lames. Le pesto doit être doux et homogène.

3. Dans une casserole, déposer un filet d'huile ajoutez l'échalote que vous avez pelée et hachée finement et faire dorer en ajoutant un peu de bouillon de légumes (pour faire le bouillon, consultez notre fiche de bouillon de légumes de l'école de cuisine).

4. Lorsque l'échalote est fanée, ajoutez le riz, grillez-le en remuant avec une cuillère en bois pendant quelques minutes, puis mixez avec le vin blanc. Faites cuire le riz pendant environ minute à feu moyen, en ajoutant plus de bouillon uniquement lorsque le riz a incorporé le liquide précédent. Une fois cuit, ajoutez le pesto de courgettes, ajouter une louche de bouillon, remuer pour parfumer le risotto avec le pesto, puis incorporer le fromage de chèvre coupé en petits morceaux et assaisonner de sel si nécessaire.

5. Servez immédiatement votre risotto aux courgettes et pesto de chèvre et profitez-en chaud.

Conseil

- Consommez le risotto aux courgettes et au pesto de chèvre pour le moment, s'il vous reste des restes, vous pouvez le conserver dans un contenant hermétique pendant une journée. La congélation n'est pas recommandée.

Ragoût de cheval

Préparation: 20 minutes / Cuisson: 3 h

Ingrédients

- 1,2 kg Cheval (ragoût de viande)
- 800 g Pulpe de tomate
- 1 Oignons blancs
- 1 Piment frais
- 70 ml d'huile d'olive extra vierge
- 100 ml Vin blanc
- Poivre noir en grains au goût
- Saler au goût
- 100 ml d'eau

Méthode

1. Pour préparer le ragoût de cheval, épluchez l'oignon et coupez-le en tranches. Prenez le piment, retirez les graines internes avec un couteau, puis coupez-le aussi en rondelles très fines.
2. Mettez une casserole en fonte sur le feu, versez l'huile d'olive et faites dorer l'oignon pendant 5-6 minutes. Ajouter la viande coupée en morceaux assez gros et faites-les bien dorer des deux côtés en les retournant avec une cuillère en bois.
3. Ajouter le piment, ajoutez le vin blanc et ajoutez les grains de poivre noir.
4. Mettez la pulpe de tomate dans un bol et écrasez-la légèrement à la fourchette; ajoutez-le à la viande, puis versez l'eau (vous pouvez éventuellement la passer dans le fond de pulpe restant) et assaisonner de sel.
5. Ensuite, faites cuire la viande pendant 3 heures à feu très doux, en la recouvrant d'un couvercle et en remuant de temps en temps pour une cuisson uniforme. Après le temps nécessaire, éteignez le feu et servez votre ragoût de cheval.

Conseil

- Vous pouvez conserver le ragoût de cheval au réfrigérateur pendant 2 à 3 jours maximum dans un contenant hermétique ou recouvert d'un film plastique. Vous ne pouvez le congeler que si vous avez utilisé des ingrédients frais qui n'ont pas été

Ragoût de lièvre

Préparation: 20 minutes / Cuisson: 4 h 15 minutes

Ingrédients

- 1 kg Lièvre (moulu)
- 750 g Purée de tomates
- 400 ml d'eau
- 100 g Céleri
- 100 g Carottes

- 100 g Oignons
- 1 gousse d'ail
- 3 feuilles Laurel
- Romarin au goût

- 30 ml Huile d'olive extra vierge
- Saler au goût
- 1 pincée de poivre noir
- 100 ml Vin rouge

Méthode

1. Pour préparer le ragoût de lièvre, commencez par faire sauter, laver et sécher les légumes et les herbes aromatiques. Épluchez la carotte et coupez-la, retirez les filaments extérieurs du céleri et nettoyez l'ail et l'oignon. Puis hachez finement le céleri, les carottes et l'oignon. Ensuite, prenez une casserole à fond épais et antiadhésif, versez l'huile et faites chauffer légèrement, puis ajoutez l'oignon haché et céleri, ajoutez aussi la carotte et l'ail pelé et dont tu auras enlevé l'âme. Vous pouvez l'ajouter divisé en deux pour qu'il soit plus facile de le supprimer plus tard. Faire sauter les ingrédients à feu très doux pendant environ 6 à 7 minutes, en remuant de temps en temps. Lorsque la sauce est prête, ajoutez la viande de lièvre.

2. Remuer et cuire la viande en la faisant dorer pendant 4 à 5 minutes à feu doux. Puis aromatisé avec des brins de romarin finement hachés et feuilles de laurier.

3. Déglacer au vin rouge et cuire à feu vif pendant 5 à 6 minutes, jusqu'à ce que le vin se soit évaporé, en remuant de temps en temps. Puis assaisonner avec du sel.

4. Assaisonner également avec du poivre, puis versez la purée de tomates et de l'eau. Assurez-vous de bien mélanger les autres ingrédients.

5. À ce stade, couvrez la sauce avec le couvercle et faites cuire à feu très doux pendant environ 4 heures, en remuant rarement: quelques fois suffiront juste pour vérifier qu'il ne colle pas au fond. En fin de cuisson, la sauce doit être assez dense et corsée; enfin, retirez l'ail. Votre ragù de lièvre sera prêt à être utilisé dans vos préparations!

Conseil

- Vous pouvez conserver le ragoût de lièvre au maximum 2 à 3 jours au réfrigérateur dans un récipient hermétiquement fermé.
- Il peut également être congelé si vous avez utilisé des ingrédients frais non décongelés. Si vous préférez, vous pouvez le congeler déjà proportionné de manière à le décongeler en fonction ... du nombre de vos invités!

Ragoût de lapin aigre-doux

Préparation: 25 minutes / Cuisson: 55 minutes

Ingrédients

- 1,5 kg Lapin en morceaux
- 100 ml Sauce Worcestershire
- Farine au goût
- 700 g Oignons
- 200 g Carottes
- 150 g Céleri
- 2 Feuille de laurier
- 50 g Pulpe de tomate
- Cannelle en poudre au goût
- 3 cuillères à soupe de Vinaigre de vin blanc
- Eau 1 l
- 2 cuillères à soupe de sucre
- Saler au goût
- Poivre noir au goût
- Huile d'olive extra vierge au goût
- 6 g Fenouil sauvage

Méthode

1. Pour faire le ragoût de lapin aigre-doux, commencez par fariner soigneusement les morceaux de viande, puis dorer quelques morceaux à la fois dans une casserole, où vous avez versé 8 cuillères à soupe d'huile. Faire dorer la viande à température moyenne pour sceller la surface. Quand le lapin est bien doré et vous aurez fini toutes les pièces, le garder de côté dans un bol. Maintenant, préparez le sauté: épluchez et hachez la carotte, puis laver et hacher la branche de céleri.

2. Dans une poêle à rebord haut, de préférence en fonte, chauffer un filet d'huile d'olive, puis ajoutez les oignons, le hachis pour le sauté et les feuilles de laurier. Faites frire le tout à feu doux pendant environ 10 minutes.

3. Pendant ce temps, préparez la vinaigrette: versez la sauce Worcestershire dans un bol, ajoutez le vinaigre, du sucre, cannelle moulue, la pulpe de tomate et enfin de l'eau.

4. Une fois les oignons dorés, ajoutez les morceaux de lapin mis de côté, recouvrez de la sauce que vous avez préparée plus tôt. Parfum au fenouil frais, couvrir avec le couvercle et poursuivre la cuisson 45 minutes à feu moyen jusqu'à ce que le liquide ait réduit d'au moins trois quarts. Une fois cuit, servez votre lapin aigre-doux chaud.

Conseil

- Le ragoût de lapin aigre-doux peut être conservé au réfrigérateur pendant 3 à 4 jours dans un contenant hermétique. Il est possible de le congeler si vous avez utilisé des ingrédients frais.

Tajine aux légumes

Préparation: 50 minutes / Cuisson: 70 minutes

Ingrédients

- 600 g Pommes de terre nouvelles
- 250 g Carottes miniatures
- 150 g Oignons de printemps rouges
- 280 g Haricots verts
- 200 g De larges fèves

- 170 g Petits pois
- 1 Piment frais
- 40 ml d'huile d'olive extra vierge
- 1 cuillère à café Berbère
- 2 gousses d'ail
- Saler au goût

- Menthe au goût
- **ACCOMPAGNER**
- 250 g Boulgour
- 500 ml d'eau
- Saler au goût
- Yaourt maigre au goût

Méthode

1. Pour préparer le tajine de légumes, commencez par laver et sécher tous les légumes que vous couperez ensuite de cette manière. Couper les nouvelles frites en deux; les haricots verts les ont d'abord parés puis divisez-les en deux ou en trois selon la taille; les carottes miniatures devront d'abord être émoussées puis divisé en deux; les oignons nouveaux les coupent et coupez-les en 4 parties dans le sens de la longueur. Eh bien, à ce stade, vous pouvez passer au poêle. Dans un tajine, en fonte ou en terre cuite, versez 2 gousses d'ail non pelées et écrasées, le berberè et le piment battu au couteau et sans pépins.

2. Laissez l'ail brunir puis jetez-le. À ce stade, vous pouvez ajouter les pommes de terre, les retourner toutes avec la partie blanche en contact avec la casserole pour qu'elle dore bien et cuire 3-4 minutes à feu moyen. Puis versez dans l'ordre, formant ainsi des couches, les carottes miniatures, avec oignons nouveaux, haricots verts et fèves. Assaisonner avec du sel et couvrir avec le couvercle typique.

3. Versez quelques gouttes d'eau froide sur la partie concave du couvercle et laissez cuire environ 40 minutes sans jamais ouvrir. Lorsque le temps est écoulé, soulevez le couvercle, peut-être à l'aide d'un chiffon, et ajoutez les petits pois. Couvrir et cuire encore 5 minutes.

4. En attendant, vous pouvez vous occuper du boulgour si vous le souhaitez. Versez-le dans un grand bol et versez-y de l'eau bouillante salée. Couvrir d'une pellicule plastique et laisser l'eau absorber pendant 10 minutes. À ce stade, tout devrait être prêt, alors décortiquez le boulgour et mélanger les légumes, si nécessaire, en ajoutant du sel. Hachez une généreuse portion de menthe fraîche avec un couteau et composez votre assiette de tajine aux légumes accompagnée d'une portion de boulgour et de yaourt.

Conseil

- L'idéal serait de consommer le tajine avec des légumes immédiatement, mais vous pouvez tout conserver au réfrigérateur pendant quelques jours. Boulgour aussi.
- Par contre, la congélation n'est pas recommandée en raison des légumes qui pourraient être trempés.

Ragoût de betteraves et lentilles

Préparation: 15 minutes / Cuisson: 2 h 20 minutes

Ingrédients

- 350 g Betteraves
- 180 g Lentilles
- 170 g Oignons de printemps
- 100 g Carottes violettes
- 85 g Carottes
- 1 gousse d'ail
- Gingembre frais (1 petite racine) au goût
- 1 brin de romarin
- 5 Feuille de laurier
- 1Bâtons de cannelle
- 125 g Vin rouge corsé
- 700 ml d'eau environ
- 25 ml Huile d'olive extra vierge
- 40 g Beurre
- Thym frais au goût
- Saler au goût
- Poivre noir au goût

Méthode

1. Pour faire le ragoût de betteraves et lentilles, préparez d'abord tous les ingrédients: lavez et épluchez les carottes orange et violettes, puis coupez les deux en tranches d'environ 1 cm d'épaisseur.
2. Épluchez également les navets rouges et divisez-les en deux, puis épluchez une petite racine de gingembre frais et coupez-la en fines tranches.
3. Écraser la gousse d'ail avec le dos d'un couteau et enlève la chemise. Attachez les brindilles avec les feuilles de laurier, le brin de romarin et le bâton de cannelle avec une ficelle. Enfin, rincez les lentilles sous l'eau courante et faites la même chose avec les oignons.
4. Maintenant, prenez une casserole en fonte avec un couvercle hermétique, particulièrement adaptée à la cuisson lente, faites chauffer l'huile et ajoutez la gousse d'ail écrasée et le gingembre. Laissez grésiller quelques minutes à feu vif, puis ajoutez le bouquet d'herbes et, peu de temps après, ajoutez également les oignons, carottes tranchées, Lentilles et navets.
5. Faire griller le tout pendant quelques minutes, en remuant souvent avec une cuillère en bois, puis mélanger avec le vin rouge et laissez-le s'évaporer. À ce stade, baissez le feu et couvrez avec un rinçage à l'eau (la quantité d'eau dépendra de la taille de la casserole, nous avons utilisé 500 g pour une casserole d'un diamètre de 20 cm). Couvrir avec le couvercle et faites cuire à feu doux pendant 2 heures, en remuant de temps en temps et en ajoutant un peu plus d'eau si nécessaire: dans ce cas, nous avons ajouté encore 200 g d'eau en quelques fois. Au cours des 20 dernières minutes, vous pouvez ajuster avec du sel et du poivre. Si à la fin de la cuisson le ragoût s'avère trop moelleux, laissez-le réduire encore quelques minutes sans le couvercle; si au contraire il est trop sec, vous pouvez ajouter une autre louche d'eau.
6. Au bout de 2 heures, retirez la grappe parfumée et vérifiez la cuisson des navets à la fourchette: les dents doivent pénétrer facilement, mais la consistance doit encore être ferme et charnue. À ce stade, éteignez le feu et ajoutez le thym frais, puis ajoutez le beurre, couvrez avec le couvercle et laissez fondre doucement. Enfin, mélangez bien et servez votre ragoût parfumé de navet rouge et de lentille avec de la polenta ou de la purée.

Conseil

- Le ragoût de betteraves et de lentilles peut être conservé au réfrigérateur pendant 2-3 jours ou peut être congelé.

Vermicelles à la viande et sauce épicée

Préparation: 30 minutes / Cuisson: 2 h

Ingrédients

- 320 g Vermicelles
- 500 g Boeuf
- 100 g Carottes
- 60 g Céleri
- 100 g Oignons blancs

- 100 ml de Vin rouge
- 2 Piment frais (petit)
- 3 feuilles de Laurel
- 1 brin de romarin
- 800 g Tomates pelées

- Saler au goût
- Poivre noir au goût
- 1 gousse d'ail

Méthode

1. Pour préparer les vermicelles avec de la viande et de la sauce épicée, préparez-le sauté. Lavez tous les légumes à l'eau courante fraîche, puis coupez-les et épluchez les carottes avec un éplucheur de légumes. Hachez finement le céleri, la carotte et l'oignon et divisez l'ail en deux.

2. Couper le piment dans le sens de la longueur avec un petit couteau, allez éliminer les graines internes et hachez-les. Prenez la viande et retirez les parties grasses, le couper en tranches puis en morceaux. Mettez une poêle antiadhésive avec l'huile sur la cuisinière et, lorsqu'elle est chaude, versez l'oignon, carotte, céleri haché et ail cuire 10 minutes, puis ajouter la viande coupée en dés.

3. Ajouter la feuille de laurier, le romarin haché, le piment et ajoutez le vin rouge.

4. Verser les tomates pelées et mélanger avec une spatule de cuisine ou une cuillère en bois Assaisonnez avec du sel et poivre et cuire au moins 2 heures en remuant de temps en temps. Après le temps nécessaire, retirez l'ail et laurier.

5. Mettez une casserole d'eau salée sur la cuisinière et faites cuire les pâtes. Une fois prêt, égouttez-le et ajoutez-le directement à la sauce. Remuez pour parfumer et servez enfin vos vermicelles avec de la sauce à la viande et du piment fort!

Conseil

- Vous pouvez conserver les vermicelles avec de la viande et de la sauce épicée pendant 2 à 3 jours maximum dans un contenant hermétique ou recouvert d'un film plastique. La congélation n'est pas recommandée.

- S'il vous reste des restes, vous pouvez congeler la sauce à la viande, uniquement si vous avez utilisé des ingrédients frais qui n'ont pas été décongelés.

Ragoût d'artichaut à la purée de patates douces

Préparation: 40 minutes / Cuisson: 4 h

Ingrédients

INGRÉDIENTS POUR LE RAGOÛT

- 1 kg Pulpe de bœuf
- 2 Oignons dorés
- 6 Artichauts
- 2 brins Thym
- 3 feuilles Sauge
- 1 gousse d'ail
- 80 ml Vin rouge (à température ambiante)
- 500 ml Bouillon de viande
- 30 ml Huile d'olive extra vierge
- Saler au goût
- Poivre noir au goût

POUR LA PURÉE DE PATATES DOUCES

- 1,3 kg Patates douces (ou américaines)
- 80 g fromage Grana Padano AOP (pour râper)
- Noix de muscade (pour râper) au goût
- Saler au goût
- Poivre noir au goût

Méthode

1. Pour préparer le ragoût d'artichauts avec de la purée de patates douces, mettez une casserole sur le feu avec beaucoup d'eau pour le bouillon de bœuf. Procéder au nettoyage des artichauts, en pensant à se frotter les mains avec du citron ou à utiliser des gants en latex. En commençant par le bas, retirez les feuilles les plus externes et les plus dures et la pointe, ne dessinant que le cœur. Nettoyez la tige en retirant la partie finale et avec un éplucheur de pommes de terre, retirez la couche externe fibreuse; divisez les cœurs en deux et retirez la partie sèche et poilue, la barbe, avec un couteau ou une pelle, en le passant le long de toute la partie inférieure de l'artichaut. Couper chaque artichaut en 4 parties, les mettre dans de l'eau et du citron pour ne pas les faire noircir, puis coupez l'oignon en fines tranches .Couper le bœuf en tranches et alors en très gros cubes d'environ 2-3 cm. Placez une grande casserole résistante sur la cuisinière avec un filet d'huile d'olive. Ajouter le bœuf coupé en dés avec la gousse d'ail et bien faire dorer de tous les côtés pour sceller tous les jus internes, en tournant avec une pince de cuisine.

2. Une fois dorée, retirez la viande de la poêle et placez-la dans un autre bol, en la recouvrant du film transparent pour la garder au chaud. Ajouter un filet d'huile et les oignons émincés au jus de cuisson, en les laissant flétrir à feu doux avec le thym et sauge.

3. Lorsque les oignons sont fanés, remettez la viande dans la casserole, augmentez le feu et ajoutez le vin rouge à température ambiante en le laissant s'évaporer. Assaisonnez de sel, puis versez le bouillon chaud que vous avez préparé jusqu'à ce que toute la viande soit couverte, puis fermer avec un couvercle et cuire à feu très doux pendant environ 3 heures. Après ce temps, égouttez les artichauts de l'eau acidulée et ajoutez-les au ragoût en les laissant cuire encore 40 minutes, puis, quand il est prêt, éteignez-le. En attendant, vous pouvez préparer la purée de patates douces: faites bouillir les pommes de terre dans beaucoup d'eau (selon la taille, cela prendra de 40 à 90 minutes; vous pouvez

vérifier la cuisson avec un cure-dent); égouttez-les, puis épluchez-les et écrasez-les directement dans la casserole avec un presse-purée ou avec un moulin à légumes.

4. Râpe le fromage, allumez le feu et ajoutez-le à la purée, assaisonnement avec sel et poivre.

5. Saveur de muscade râpée et mélanger au fouet jusqu'à obtention d'une purée épaisse et homogène, enfin vous pouvez assiette et servir votre ragoût d'artichaut avec de la purée de patate douce.

Conseil

- Vous pouvez conserver le ragoût d'artichaut à la purée de patates douces au réfrigérateur pendant 3 à 4 jours maximum dans un contenant hermétique. La congélation n'est pas recommandée.

Soupe à la courge musquée et patates douces

Préparation: 10 minutes / Cuisson: 1 h

Ingrédients

- 1 oignon, en dés
- 1 courge musquée, pelée et coupée en cubes de 2 cm (environ 500 g)
- 1 patate douce, pelée et coupée en cubes de 2 cm (environ 300 g)
- 1 petite carotte, pelée et coupée en cubes de 1 cm (environ 100g)
- 2 gousses d'ail, pelées et coupées en deux
- 1 cuillère à soupe. Huile végétale
- 1 l bouillon de légumes
- Crème double et coriandre fraîche, hachée, pour garnir (facultatif)

Méthode

1. Chauffer l'huile dans une grande poêle et cuire les oignons à feu doux jusqu'à ce qu'ils soient tendres, environ 10 min. Ajouter le reste des légumes et cuire encore 5 minutes.

2. Ajouter le bouillon et porter à ébullition, puis baisser le feu et laisser mijoter à découvert pendant environ 20-30 min, jusqu'à ce que les légumes soient tendres.

3. Laisser refroidir pendant 5 minutes puis fouetter dans un mélangeur, par lots, jusqu'à consistance lisse.

4. Assaisonner de sel et de poivre puis servir avec un tourbillon de crème et une pincée de coriandre.

Chapon en peluche

Préparation: 30 minutes / Cuisson: 2 h 10 minutes

Ingrédients

- 2 kg Chapon
- 20 ml d'huile d'olive extra vierge
- 50 g Céleri
- 50 g Carottes
- 40 g Échalote
- 1 gousse d'ail
- 1 brin de romarin
- 100 ml Vin blanc
- 200 g Bouillon de légumes
- Saler au goût

- Poivre noir au goût
- **POUR LA FARCE**
- 120 g Jambon cru
- 200 g Veau (haché)
- 200 g Porc (haché)
- 80 g Noix de cajou
- 60 g Fromage Grana Padano AOP a râpé
- 1 brin de romarin
- Sel jusqu'à 5 g
- Poivre noir au goût

Méthode

1. Pour préparer le chapon farci, commencez par préparer le bouillon de légumes. Passez ensuite aux préparations de base: faites un gros hachis de carottes et de céleri, puis aussi des échalotes. Hachez finement un brin de romarin après l'avoir rincé. Coupez ensuite le jambon cru en petits cubes que vous hacherez finement au mixeur.

2. Commencez ensuite par la préparation de la garniture: dans un très grand bol versez le porc haché, le jambon haché, puis le bœuf haché et fromage râpé. Assaisonnez avec du sel et du poivre.

3. Assaisonner de romarin haché et commencez à mélanger les ingrédients en pétrissant vigoureusement avec vos mains. Maintenant, ajoutez aussi les noix de cajou.

4. Mélangez-les aussi avec les autres ingrédients et gardez temporairement le mélange de farce de côté. Procédez en enflammant le chapon pour enlever les plumes et les plumes: nous avons préféré utiliser une torche pour plus de praticité. Si vous ne l'avez pas, vous pouvez simplement rapprocher le chapon de la flamme du gaz pendant quelques secondes pour obtenir le même résultat. Puis rincez-le sous un jet d'eau froide.

5. Éponger avec du papier absorbant pour sécher l'eau. Le sel et poivrez l'intérieur du chapon. Remplissez-le avec le remplissage que vous avez obtenu précédemment.

6. Attachez le chapon pour bien sceller la garniture à l'intérieur. À ce stade, versez l'huile dans une casserole, de préférence en fonte, avec un fond épais et des bords hauts: faites chauffer l'huile et placez le chapon dessus en le faisant saisir des deux côtés à feu vif. Aidez-vous à le retourner dans la casserole avec des agitateurs de cuisine. Gardez la flamme haute et déglacez avec le vin, en le laissant s'évaporer.

7. Ajouter l'échalote, carottes et céleri.

8. Assaisonner avec un brin de romarin déjà rincé et l'ail divisé en deux dont vous avez retiré le noyau, la partie verte intérieure. Verser le bouillon de légumes.

9. Couvrir avec un couvercle et cuire à feu très doux pendant au moins 2 heures. Si vous possédez un thermomètre de cuisson pour plus de précision sur la cuisson, vous saurez que le chapon sera enclin lorsqu'il atteindra 80 ° C. Alternativement, vous pouvez utiliser une brochette de cuisine: si vous piquez la viande, vous verrez un liquide clair sortir, le chapon sera cuit, si le liquide est rose, le chapon doit continuer à cuire. Le chapon farci est alors prêt et peut être coupé pour être apprécié!

Conseil

- Le chapon farci peut être conservé au réfrigérateur jusqu'à 2 jours. Si vous avez l'intention de servir ce deuxième plat le jour de Noël mais que le temps presse et que vous souhaitez vous aussi profiter de la fête sans aller au feu, vous pouvez le préparer la veille et le conserver au réfrigérateur. Alors le lendemain, faites cuire avant de servir!

- Si vous n'avez utilisé que des ingrédients frais non décongelés, vous pouvez également le congeler pendant 1 mois maximum.

Curry de Massaman de bœuf

Préparation: 15 minutes / Cuisson: 2 h

Ingrédients

- 90 grammes cacahuètes non salées
- 1 (400ml) peut lait de coco
- 800 grammes steak braisé de bœuf
- 20 ml huile végétale
- 5 cuillères à soupe pâte de curry
- 2 cuillères à soupe. Sauce poisson
- 2 cuillères à soupe. Sucre demerara ou sucre de palme
- 400 ml l'eau
- 1 cuillère à soupe. Pâte de tamarin

- 1 le bâton de cannelle
- 4 feuilles de lime kaffir
- 500 grammes pommes de terre cireuses, coupées en morceaux de 3 cm
- 100g haricots verts, coupés en longueurs de 2 cm
- 1 bouquet de coriandre, hachée finement
- Riz au jasmin, pour servir
- Pak choi, pour servir

Méthode

1. Faites chauffer une poêle et faites griller les cacahuètes pendant 5 minutes, laissez refroidir puis hachez grossièrement.
2. Ouvrir la boîte de lait de coco et gratter la crème de coco. Ajouter la crème dans une casserole à fond épais à feu moyen (si vous utilisez du lait de coco faible en gras ou qu'il ne s'est pas séparé, utilisez 20 ml d'huile végétale).
3. Saisir les morceaux de bœuf dans la poêle jusqu'à ce qu'ils soient dorés, puis ajouter la pâte de curry et cuire pendant deux minutes jusqu'à ce que les aromates soient libérés.
4. Ajouter le reste du lait de coco, l'eau, la sauce de poisson, le tamarin, le sucre, le bâton de cannelle, les feuilles de lime kaffir et la moitié des cacahuètes et laisser mijoter env. 1,5 heures ou jusqu'à ce que le bœuf soit tendre. Remplissez un peu la casserole avec de l'eau si nécessaire.
5. Lorsque le bœuf est prêt, ajouter les pommes de terre, couvrir et laisser mijoter encore 15 minutes, puis ajouter les haricots verts et laisser mijoter encore 5 minutes. Vérifiez que les pommes de terre et les haricots verts sont tendres et assaisonnez avec davantage de sauce de poisson si nécessaire. Incorporer la coriandre.
6. Servir avec du riz au jasmin, du Pak choi et le reste des cacahuètes.

Conseil

- Cela peut être fait un jour ou deux à l'avance, puis réchauffé.

Ragoût de bœuf

Préparation: 15 minutes / Cuisson: 1 h 25 minutes

Ingrédients

- 1 cuillère à soupe. Huile végétale
- 900 grammes bifteck / ragoût de viande, coupé en morceaux de 2,5 cm
- 1 cuillère à soupe. Huile d'olive vierge extra
- 1 oignon, haché
- 2 carottes, pelées et coupées en rondelles
- 2 branches de céleri, hachées
- Le sel
- Poivre noir fraichement moulu
- 3 gousses d'ail écrasées
- 55 grammes pâte de tomate

- 1 1/2 l bouillon de bœuf pauvre en sodium
- 240 ml vin rouge
- 1 cuillère à soupe. Sauce Worcestershire
- 1 cuillère à café feuilles de thym séchées ou fraîches
- 2 feuilles de laurier
- 450g pommes de terre grelots, coupées en deux
- 100g petits pois surgelés
- 5 grammes persil fraîchement haché, pour la garniture

Méthode

1. Dans une grande cocotte ou une casserole à fond épais à feu moyen, chauffer l'huile. Ajouter le bœuf et cuire jusqu'à ce qu'il soit saisi de tous les côtés, 10 minutes, en plusieurs fois si nécessaire. Transférer le bœuf dans une assiette.
2. Dans la même casserole, cuire l'oignon, les carottes et le céleri jusqu'à ce qu'ils soient tendres, 5 minutes. Assaisonnez avec du sel et du poivre. Ajouter l'ail et la pâte de tomate et cuire jusqu'à ce que l'ail soit parfumé et que la pâte de tomate ait noirci, 2 minutes.
3. Remettez le bœuf dans le four hollandais, puis ajoutez le bouillon, le vin, la sauce Worcestershire, le thym et les feuilles de laurier.
4. Porter à ébullition puis réduire le feu pour laisser mijoter. Assaisonnez avec du sel et du poivre. Couvrir et laisser mijoter jusqu'à ce que le bœuf soit tendre, 30 minutes.
5. Ajouter les pommes de terre et laisser mijoter, à couvert, jusqu'à ce que les pommes de terre soient tendres, 15 minutes.
6. Retirez les feuilles de laurier. Incorporer les pois et cuire jusqu'à ce qu'ils soient bien chauds, 2 minutes. Garnir de persil avant de servir.

Conseil

- Cette recette fait des restes incroyables. Et oui, vous pouvez y arriver! Faites cuire jusqu'à l'étape 6, puis laissez refroidir le ragoût à température ambiante avant de le réfrigérer dans un récipient réformable. Avant de servir, réchauffer dans une grande casserole à feu moyen-doux.

Sauce bolognaise

Préparation: 10 minutes / Cuisson: 2 h

Ingrédients

- 1 cuillère à soupe. Huile d'olive vierge extra
- 1 oignon, haché
- 1 carotte, pelée et hachée finement
- 1 branche de céleri, hachée finement
- 450 grammes bœuf haché
- 2 Gousses d'ail émincées
- 120 ml vin blanc sec
- 1 peut tomates hachées
- 3 cuillères à soupe purée de tomates
- 450 ml bouillon de bœuf (ou poulet)
- 1 feuille de laurier
- 230 ml lait entier
- 3/4 c. À thé Sel de mer floconneux
- Poivre noir fraichement moulu

Méthode

1. Dans une grande cocotte à feu moyen-vif, chauffer l'huile. Ajouter l'oignon, la carotte et le céleri et cuire jusqu'à ce qu'ils soient tendres, environ 7 minutes. Incorporer le bœuf et l'ail, en brisant la viande avec le dos d'une cuillère. Cuire jusqu'à ce qu'il ne soit plus rose et légèrement saisi, environ 8 minutes.
2. Ajouter le vin et porter le mélange à ébullition. Cuire jusqu'à ce que le vin soit presque réduit. Incorporer les tomates, la pâte de tomates, le bouillon et la feuille de laurier, puis réduire le feu et laisser mijoter pendant 1 heure pour permettre aux saveurs de se fondre.
3. Jeter la feuille de laurier, puis incorporer progressivement le lait. Couvrir avec un couvercle légèrement entrouvert et laisser mijoter, en remuant de temps en temps, jusqu'à ce que le lait soit complètement incorporé, environ 45 minutes. Assaisonnez avec du sel et du poivre.

Conseil

- Servez votre bolognaise sur des pâtes et assurez-vous de garnir avec beaucoup de Parme fraîchement râpé. Pendant que vous y êtes, pourquoi ne pas doubler la recette et en congeler la moitié? Considérez-le comme un cadeau pour vous-même une nuit où vous manquez de temps et que vous avez faim AF.

Tortellini au four à la bolognaise

Préparation: 15 minutes / Cuisson: 20 minutes

Ingrédients

- 2 cuillères à soupe. Huile d'olive extra vierge, et plus encore pour le plat de cuisson
- 1 oignon, haché
- 3 gousses d'ail écrasées
- 700 grammes bœuf haché
- 120 ml vin rouge sec, comme le cabernet ou le merlot
- 2 cuillères à soupe. Purée de tomates
- 900 grammes boîtes de tomates hachées
- 1 cuillère à café origan séché
- Sel
- Poivre noir fraîchement moulu
- 250 g tortellinis au fromage réfrigérés
- 250 g mozzarella râpée
- 2 cuillères à soupe. Parmesan fraîchement râpé
- 15 brins de basilic, fraîchement tranchés pour la garniture

Méthode

1. Préchauffer le four à 175 ° C et graisser un grand plat de cuisson avec de l'huile. Dans une grande casserole à feu moyen, chauffer l'huile. Ajouter l'oignon et cuire, en remuant, jusqu'à ce qu'il soit tendre, 5 minutes. Ajouter l'ail et cuire jusqu'à ce qu'il soit parfumé, 1 minute. Ajouter le bœuf haché et cuire, en brisant la viande avec une cuillère en bois, jusqu'à ce qu'elle ne soit plus rose, environ 6 minutes. Égouttez la graisse.
2. Remettre le mélange de bœuf dans la poêle à feu moyen et verser le vin en utilisant une cuillère en bois pour gratter les morceaux dorés du fond de la casserole. Cuire jusqu'à ce que réduit de moitié environ, puis ajouter la pâte de tomates, les tomates concassées et l'origan et assaisonner de sel et de poivre. Porter le mélange à ébullition et cuire jusqu'à ce qu'il soit légèrement réduit, environ 10 minutes.
3. Mettez les tortellinis dans le plat de cuisson préparé. Verser sur la sauce à la viande et remuer jusqu'à ce qu'elle soit enrobée. Garnir de mozzarella et de parmesan, puis couvrir le plat de papier d'aluminium.
4. Cuire au four jusqu'à ce que le fromage soit fondu et que les pâtes soient bien cuites, 25 minutes.
5. Garnir de basilic avant de servir.

Tarte de berger au chou-fleur

Préparation: 15 minutes / Cuisson: 1 h

Ingrédients

- 1 chou-fleur à tête moyenne, coupé en bouquets
- 85 grammes fromage à la crème, ramolli
- 60 ml lait
- Le sel
- Poivre noir fraîchement moulu
- 1 cuillère à soupe. Huile d'olive vierge extra
- 1 gros oignon, haché
- 2 carottes, pelées et hachées
- 2 gousses d'ail écrasées
- 450 grammes bœuf haché
- 150 grammes petits pois surgelés
- 150 grammes Mais congelé
- 2 cuillères à soupe. Farine
- 160 ml bouillon de poulet faible en sodium
- 1 cuillère à soupe. Persil fraîchement haché, pour la garniture

Méthode

1. Préchauffer le four à 200 ° C (ventilateur 180 ° C). Porter une grande casserole d'eau à ébullition. Ajouter les fleurons de chou-fleur et cuire 10 minutes jusqu'à ce qu'ils soient tendres. Bien égoutter, en pressant avec du papier absorbant ou un torchon propre pour éliminer le plus d'eau possible.
2. Remettre dans la casserole et écraser le chou-fleur avec un presse-purée jusqu'à ce qu'il soit lisse et qu'il ne reste plus de gros morceaux.
3. Incorporer le fromage à la crème et le lait et assaisonner avec du sel et du poivre et écraser jusqu'à ce que complètement mélangé et crémeux. Mettre de côté.
4. Préparer le mélange de bœuf: Dans une grande poêle à feu moyen, chauffer l'huile. Ajouter l'oignon, les carottes et l'ail et cuire 5 minutes jusqu'à ce qu'ils soient ramollis. Ajouter le bœuf et cuire jusqu'à ce qu'il ne soit plus rose, 5 minutes de plus. Égouttez la graisse.
5. Remettre la poêle sur feu moyen et incorporer les pois surgelés et le maïs et cuire jusqu'à ce que le tout soit chaud, 3 minutes de plus. Assaisonnez avec du sel et du poivre.
6. Saupoudrer la viande de farine et remuer pour répartir uniformément. Cuire encore une minute, ajouter le bouillon et remuer le mélange jusqu'à ce qu'il épaississe légèrement, 5 minutes.
7. Garnir le mélange de bœuf d'une couche uniforme de purée de chou-fleur et cuire au four 20 minutes ou jusqu'à ce qu'il y ait très peu de liquide visible et que le chou-fleur soit doré. Griller si désiré.
8. Garnir de persil avant de servir.

Curry de poulet et patates douces

Préparation: 20 minutes / Cuisson: 50 minutes

Ingrédients

- 8 Cuisses de poulet sans peau et désossées
- 700 grammes patate douce, coupée en morceaux de 2,5 cm
- 10 feuilles de curry
- 5 Gousses de cardamome verte
- 1 Oignon, coupé en petits dés
- 3 Gousses d'ail, coupées en petits dés
- 1 Morceau de 5 cm de gingembre, pelé et coupé en petits dés
- 1 Piment vert, tranché finement et épépiné
- 2 cuillères à café coriandre moulue
- 1 cuillère à café Safran des Indes
- 1 cuillère à café cumin en poudre
- 1 Petit bouquet de coriandre
- 1 Chaux
- 400 ml lait de coco à teneur réduite en matières grasses
- 100 ml Huile végétale
- Le sel

Méthode

1. Faites chauffer 50 ml d'huile végétale dans une poêle à fond épais à feu moyen. Écraser les gousses de cardamome avec le dos d'un couteau et retirer les graines noires. Ajouter à la poêle avec les feuilles de curry et faire frire pendant 2 minutes. Ajouter l'oignon, l'ail, le piment et le gingembre et faire revenir doucement pendant 8 à 10 minutes, jusqu'à ce qu'ils soient tendres et légèrement dorés.
2. Retirer le mélange d'oignon de la poêle et réserver dans un bol. Ajouter le reste d'huile dans la poêle. À feu moyen, faites frire vos cuisses de poulet jusqu'à ce qu'elles soient dorées des deux côtés.
3. Remettre le mélange d'oignon dans la poêle avec le curcuma, le cumin, la coriandre, la patate douce, le lait de coco et 200 ml d'eau. Bien mélanger pour combiner et cuire à ébullition douce pendant 30 minutes ou jusqu'à ce que la patate douce soit tendre.
4. Avant de servir, ajoutez le jus d'un citron vert, la coriandre hachée et assaisonnez de sel. Servir avec du riz brun

Poulet biryani

Préparation: 20 minutes / Cuisson: 1 h 05 minutes

Ingrédients

- 450 grammes riz basmati
- Le sel
- Poivre noir fraichement moulu
- 800 grammes cuisses de poulet désossées et sans peau, coupées en morceaux de 2 pouces
- 1 Morceau de gingembre de 5 cm, pelé et écrasé
- 5 oignons, coupés en deux et tranchés finement

- 1 piment rouge, tranché finement
- 2 1/2 c. À thé Garam masala
- 1 cuillère à soupe. Purée de tomates
- 120 grammes yaourt entier
- 1 1/2 c. À thé curcuma moulu
- 1 feuille de laurier
- 230 ml l'eau
- 75 grammes raisins dorés
- Amandes tranchées, pour servir

Méthode

1. Préchauffer le four à 180 ° C. Rincez le riz sous l'eau froide jusqu'à ce que l'eau soit claire. Porter une grande casserole d'eau à ébullition. Assaisonner généreusement de sel. Ajouter le riz et faire bouillir sous tendre, environ 6 à 8 minutes. Drainer.

2. Pendant ce temps, dans une grande poêle à bords hauts à feu moyen-vif, chauffer 1 cuillère à soupe d'huile. Assaisonner le poulet avec du sel et du poivre et cuire jusqu'à ce qu'il soit doré des deux côtés, environ 7 minutes. Déposer dans une assiette.

3. Ajouter les 2 cuillères à soupe restantes d'huile et les oignons dans la poêle et réduire le feu à moyen et cuire jusqu'à ce qu'ils soient dorés, environ 15 minutes. Transférer la moitié des oignons dans un bol et réserver pour servir. Remettre la poêle à feu moyen et ajouter le gingembre, l'ail, le piment, le garam masala et la pâte de tomate. Cuire, en remuant, jusqu'à ce que ce soit parfumé, environ 2 minutes.

4. Ajouter le yaourt, le curcuma, la feuille de laurier et l'eau. Porter à ébullition. Remettre le poulet dans la poêle et ajouter les raisins secs. Réduisez le feu à moyen-doux. Laisser mijoter jusqu'à ce que le poulet soit tout juste cuit, environ 8 minutes.

5. Dans un plat allant au four, déposer la moitié du riz suivi de la moitié du mélange de poulet et de la moitié de l'oignon réservé. Répétez avec le reste du riz, du poulet et de l'oignon. Couvrir et cuire au four jusqu'à ce qu'il soit chaud, 30 minutes.

Poulet Marbella

Préparation: 20 minutes / Cuisson: 3 h 25 minutes

Ingrédients

- 80 ml Huile d'olive vierge extra
- 120 ml Vinaigre de vin rouge
- 125 grammes gros pruneaux dénoyautés
- 180 grammes grosses olives vertes dénoyautées
- 90 grammes câpres
- 8 feuilles de laurier
- 1 tête d'ail, gousses séparées, écrasées et peaux enlevées
- 3 cuillères à soupe origan séché
- Le sel
- Poivre noir fraichement moulu
- 3 kg de morceaux de poulet avec peau avec os
- 240 ml vin blanc sec
- 55 grammes cassonade tassée
- 2 cuillères à soupe. Beurre froid, coupé en cubes
- 1/2 petit bouquet de persil, haché grossièrement

Méthode

1. Dans un grand bol, mélanger l'huile, le vinaigre, les pruneaux, les olives, les câpres, les feuilles de laurier, l'ail, l'origan, 2 cuillères à soupe de sel et 2 cuillères à café de poivre. Ajouter le poulet à la marinade et couvrir hermétiquement d'un film plastique. Transférer au réfrigérateur et mariner pendant 2 à 6 heures, en remuant le mélange toutes les quelques heures pour assurer une marination uniforme.
2. Préchauffer le four à 190 ° C (ventilateur 170 ° C). Transférer le poulet et la marinade dans une grande rôtissoire. Versez le vin partout et saupoudrez de cassonade sur le poulet.
3. Cuire le poulet en arrosant toutes les 20 minutes avec le jus de cuisson, jusqu'à ce que le poulet atteigne une température interne de 65 ° C, 50 à 60 minutes au total.
4. Augmenter le four à 260 ° C (ventilateur 240 ° C) et rôtir jusqu'à ce que la peau du poulet soit profondément dorée, environ 15 minutes.
5. Retirer le poulet, les olives et les pruneaux sur une assiette et couvrir légèrement de papier d'aluminium. Transférer le jus de cuisson dans une casserole moyenne. Porter le liquide à ébullition à feu moyen et laisser réduire de moitié, environ 6 minutes. Assaisonner au goût avec du sel et du poivre et incorporer au fouet le beurre froid et le persil.
6. Servir le poulet avec un filet de réduction de jus de cuisson.

Poulet Piccata

Préparation: 15 minutes / Cuisson: 15 minutes

Ingrédients

- 1 cuillère à soupe. Huile d'olive vierge extra
- 4 cuisses de poulet avec os
- Sel
- Poivre noir fraichement moulu
- 2 cuillères à soupe. Beurre
- 3 gousses d'ail écrasées
- 60 ml vin blanc sec
- Jus de 1 citron
- 2 cuillères à soupe. Câpres
- 1 citron, tranché
- Persil fraîchement haché, pour la garniture

Méthode

1. Dans une grande poêle allant au four à feu moyen-vif, chauffer l'huile. Assaisonner le poulet avec du sel et du poivre et cuire jusqu'à ce qu'il soit doré et non plus rose, 8 minutes de chaque côté. Transférer dans une assiette. Jeter la moitié du jus de poulet de la poêle et réduire le feu à doux.
2. Dans la poêle, ajoutez le beurre, l'ail, le vin blanc, le jus de citron et les câpres et portez à ébullition. Ajouter les tranches de citron et remettre les cuisses de poulet dans la poêle. Laisser mijoter le poulet dans la sauce 5 minutes, puis garnir de persil avant de servir.

Ragoût de poulet

Préparation: 10 minutes / Cuisson: 20 minutes

Ingrédients

- 2 cuillères à soupe. Beurre
- 2 grosses carottes, pelées et coupées en pièces
- 1 branche de céleri, hachée
- Sel
- Poivre noir fraichement moulu
- 3 gousses d'ail écrasées
- 1 cuillère à soupe. Farine
- 700 grammes poitrines de poulet désossées et sans peau
- 3 brins de thym frais
- 1 feuille de laurier
- 350 grammes pommes de terre grelots, coupées en quartiers
- 700 ml stock de poulet
- Persil fraîchement haché, pour la garniture

Méthode

1. Dans une grande casserole à feu moyen, faire fondre le beurre. Ajouter les carottes et le céleri et assaisonner de sel et de poivre. Cuire, en remuant souvent, jusqu'à ce que les légumes soient tendres, environ 5 minutes. Ajouter l'ail et cuire jusqu'à ce qu'il soit parfumé, environ 30 secondes.
2. Ajouter la farine et remuer jusqu'à ce que les légumes soient enrobés, puis ajouter le poulet, le thym, le laurier, les pommes de terre et le bouillon. Assaisonnez avec du sel et du poivre. Porter le mélange à ébullition et cuire jusqu'à ce que le poulet ne soit plus rose et que les pommes de terre soient tendres, 15 minutes.
3. Retirer du feu et transférer le poulet dans un bol moyen. À l'aide de deux fourchettes, déchiqueter le poulet en petits morceaux et remettre dans la casserole.
4. Garnir de persil avant de servir.

Poulet Tikka

Préparation: 10 minutes / Cuisson: 15 minutes

Ingrédients

- 3 poitrines de poulet sans peau, coupées en morceaux de 2,5 cm
- 1 1/2 c. À thé sel
- 1 1/2 c. À soupe jus de citron
- 3 cuillères à café gingembre, pelé et râpé
- 2 gousses d'ail écrasées
- 1 cuillère à café cumin en poudre
- 1 cuillère à café paprika
- 1 cuillère à café Garam masala
- 3 cuillères à soupe d'huile
- 1/2 cuillère à café Cayenne
- 5 cuillères à soupe yaourt grec
- 4 brochettes en bois, trempées dans l'eau pendant 15min pour arrêter de brûler
- Riz pilaf, pour servir
- Pain naan, à servir

Méthode

1. Dans un bol, mélanger les morceaux de poulet avec le jus de citron et le sel. Frottez, couvrez et réfrigérez pendant 20 minutes. Cette étape aide la viande à attendrir, ce qui donne des morceaux de poulet plus juteux.
2. Dans un autre bol, mélanger le gingembre, l'ail, le cumin, le paprika, le garam masala, le poivre de Cayenne et le yogourt. Ajouter les morceaux de poulet et bien mélanger. Réfrigérer au moins 4 heures, mais idéalement toute la nuit.
3. Pour cuire, préchauffez le gril au réglage le plus élevé. Enfilez la viande sur des brochettes en bois et badigeonnez d'huile. Placez les brochettes sur une plaque à pâtisserie peu profonde et faites griller environ 6 minutes de chaque côté jusqu'à ce qu'elles soient dorées et bien cuites.
4. Servir avec du riz pilaf et du naan.

Poulet au cari et à la noix de coco

Préparation: 15 minutes / Cuisson: 20 minutes

Ingrédients

- 1 cuillère à soupe. Huile végétale
- 1 cuillère à soupe. Beurre
- 1 oignon rouge moyen, haché
- 2 grosses échalotes, écrasées
- Le sel
- 2 gousses d'ail écrasées
- 1 cuillère à café gingembre fraîchement râpé
- 1 1/2 c. À soupe poudre de curry
- 2 cuillères à soupe. Pâte de tomate
- 1 (400 ml) peut lait de coco
- 120 ml l'eau
- 680 grammes poitrine de poulet désossée et sans peau, coupée en morceaux de 2,5 cm
- Jus de ½ citron vert
- Quartiers de lime, pour servir
- Feuilles de menthe, déchirées, pour servir
- Feuilles de coriandre, déchirées, pour servir
- Riz cuit, pour servir

Méthode

1. Dans une grande casserole ou une poêle à bord haut à feu moyen, chauffer l'huile et le beurre. Lorsque le beurre est fondu, ajoutez l'oignon et les échalotes et faites cuire jusqu'à ce qu'ils soient tendres et translucides, 6 à 8 minutes.
2. Ajouter l'ail, le gingembre et la poudre de curry et cuire jusqu'à ce qu'ils soient parfumés, 1 minute de plus. Ajouter la pâte de tomate et cuire jusqu'à ce qu'elle soit légèrement assombrie, 1 à 2 minutes de plus.
3. Ajouter le lait de coco et l'eau et porter à ébullition. Ajouter le poulet et cuire, en remuant de temps en temps, jusqu'à ce que le poulet soit bien cuit, 6 à 8 minutes.
4. Incorporer le jus de lime et garnir de menthe et de coriandre. Servir chaud avec du riz.

Tarte au cottage

Préparation: 20 minutes / Cuisson: 1 h 05 minutes

Ingrédients

POUR LES POMMES DE TERRE

- 700 grammes pommes de terre, pelées
- Sel
- 4 cuillères à soupe beurrent fondu
- 60 ml lait
- 60 grammes crème aigre
- Poivre noir fraichement moulu

POUR LE MÉLANGE DE BŒUF

- 1 cuillère à soupe. Huile d'olive vierge extra
- 1 gros oignon, haché

- 2 carottes, pelées et hachées
- 2 gousses d'ail écrasées
- 1 cuillère à café thym frais
- 700 grammes bœuf haché
- 150 grammes petits pois surgelés
- 175 grammes Mais congelé
- 2 cuillères à soupe. Farine
- 160 ml bouillon de poulet faible en sodium
- 1 cuillère à soupe. Persil fraîchement haché, pour la garniture

Méthode

1. Préchauffer le four à 200 ° C. Faire de la purée de pommes de terre: Dans une grande casserole, couvrir les pommes de terre d'eau et ajouter une généreuse pincée de sel. Porter à ébullition et cuire jusqu'à ce qu'ils soient totalement tendres, 16 à 18 minutes. Égoutter et remettre dans la casserole.

2. Utilisez un presse-purée pour écraser les pommes de terre jusqu'à consistance lisse. Ajouter le beurre fondu, le lait et la crème sure. Écraser ensemble jusqu'à ce qu'ils soient complètement incorporés, puis assaisonner de sel et de poivre. Mettre de côté.

3. Préparer le mélange de bœuf: Dans une grande poêle allant au four à feu moyen, chauffer l'huile. Ajouter l'oignon, les carottes, l'ail et le thym et cuire jusqu'à ce qu'ils soient parfumés et ramollis, 5 minutes. Ajouter le bœuf haché et cuire jusqu'à ce qu'il ne soit plus rose, 5 minutes de plus. Égouttez la graisse.

4. Incorporer les pois surgelés et le maïs et cuire jusqu'à ce qu'ils soient bien chauds, 3 minutes de plus. Assaisonnez avec du sel et du poivre.

5. Saupoudrer la viande de farine et remuer pour répartir uniformément. Cuire 1 minute de plus et ajouter le bouillon de poulet. Porter à ébullition et laisser le mélange épaissir légèrement, 5 minutes.

6. Garnir le mélange de bœuf d'une couche uniforme de purée de pommes de terre et cuire au four jusqu'à ce qu'il y ait très peu de liquide visible et que la purée de pommes de terre soit dorée, environ 20 minutes. Griller si désiré.

7. Garnir de persil avant de servir.

Poulet toscan crémeux

Préparation: 05 minutes / Cuisson: 35 minutes

Ingrédients

- 1 cuillère à soupe. Huile d'olive vierge extra
- 4 poitrines de poulet désossées et sans peau
- Sel
- Poivre noir fraichement moulu
- 1 cuillère à café origan séché
- 3 cuillères à soupe de beurre
- 3 gousses d'ail écrasées
- 300 grammes tomates cerises, coupées en deux
- 675 grammes bébé épinard
- 120 ml double crème
- 25 grammes parmesan fraîchement râpé
- Quartiers de citron, pour servir

Méthode

1. Dans une poêle à feu moyen, chauffer l'huile. Ajouter le poulet et assaisonner de sel, de poivre et d'origan. Cuire jusqu'à ce qu'ils soient dorés et non plus roses, 8 minutes de chaque côté. Retirer de la poêle et réserver.
2. Dans la même poêle à feu moyen, faire fondre le beurre. Incorporer l'ail et cuire jusqu'à ce qu'il soit parfumé, environ 1 minute. Ajouter les tomates cerises et assaisonner de sel et de poivre. Cuire jusqu'à ce que les tomates commencent à éclater puis ajouter les épinards et cuire jusqu'à ce que les épinards commencent à flétrir.
3. Incorporer la crème fraîche et le parmesan et porter le mélange à ébullition. Réduire le feu à doux et laisser mijoter jusqu'à ce que la sauce soit légèrement réduite, environ 3 minutes. Remettre le poulet dans la poêle et cuire jusqu'à ce qu'il soit bien chaud, 5 à 7 minutes.
4. Servir avec des quartiers de citron.

Poulet Balsamique Croustillant

Préparation: 15 minutes / Cuisson: 45 minutes

Ingrédients

- 60 ml plus 3 c. Huile d'olive vierge extra
- 1 cuillère à soupe. vinaigre balsamique
- 1 cuillère à soupe. Feuilles de thym frais
- 1 cuillère à soupe. Romarin fraîchement haché
- Le sel
- Poivre noir fraîchement moulu
- 4 cuisses de poulet avec os
- 10 gousses d'ail pelées entières, extrémités parées
- 450 grammes chou de Bruxelles, extrémités coupées et coupées en deux ou en quartiers, si gros
- 2 cuillères à soupe. Parmesan fraîchement râpé, pour servir

Méthode

1. Préchauffer le four à 220 ° C (ventilateur 200 ° C). Dans un grand bol, fouetter ensemble l'huile, le balsamique, le thym et le romarin et assaisonner généreusement de sel et de poivre. Ajouter les cuisses de poulet et mélanger pour enrober.
2. Chauffer une grande poêle allant au four à feu moyen-vif. Ajouter 1 cuillère à soupe d'huile et saisir les cuisses de poulet côté peau vers le bas jusqu'à ce qu'elles soient croustillantes, 2 à 4 minutes de chaque côté. Transférer le poulet dans une assiette. Essuyez la casserole, si vous le souhaitez.
3. Dans la poêle, ajoutez les 2 cuillères à soupe d'huile restantes. Ajouter les gousses d'ail entières et les choux de Bruxelles et assaisonner de sel et de poivre. Cuire à feu moyen jusqu'à ce qu'il soit parfumé et profondément doré, environ 10 minutes.
4. Remettre le poulet dans la poêle et le nicher dans les choux de Bruxelles. Cuire au four jusqu'à ce que le poulet soit bien cuit et que les choux de Bruxelles soient tendres, 15 minutes.
5. Garnir de parmesan avant de servir.

Tarte Cumberland

Préparation: 40 minutes / Cuisson: 3 h 30 minutes

Ingrédients

- 3 cuillères à soupe farine ordinaire assaisonnée
- 100 ml huile végétale
- 1 kg de bœuf braisé de bonne qualité, coupé en morceaux de 2 cm
- 1 oignon, pelé et coupé en dés
- 1 poireau, parties blanches uniquement, tranché finement
- 2 carottes, pelées et coupées en morceaux de 1 cm
- 1 branche de céleri, pelée et hachée
- 3 feuilles de laurier

- 5 brins de thym
- 2 cuillères à café purée de tomates
- 750 ml bouillon de boeuf (ou cubes de bouillon confectionnés)
- 2 cuillères à soupe. Sauce Worcestershire
- 1 kg de pommes de terre farineuses, pelées
- 20 grammes beurre fondu
- 1 cuillère à café sel
- 1 cuillère à café poivre noir moulu
- 250 g Fromage cheddar râpé
- 100g chapelure fraîche

Méthode

1. Mélangez le bœuf dans la farine assaisonnée. Faites chauffer 50 ml d'huile à feu moyen dans une cocotte à fond épais (1,5 l). Faites frire la viande farinée par lots jusqu'à ce qu'elle soit dorée de partout. Retirer de la poêle et réserver.

2. Ajouter le reste de l'huile et faire revenir l'oignon, le poireau, la carotte, le céleri, le thym et les feuilles de laurier pendant 6 à 7 minutes jusqu'à ce qu'ils soient ramollis. Incorporer la purée de tomates et la sauce Worcestershire et cuire encore 2 ou 3 minutes.

3. Remettez la viande dans la casserole avec le bouillon de bœuf et remuez bien. Porter à ébullition, couvrir et cuire 2 heures. Retirer le couvercle et cuire 1 heure de plus. La viande doit être tendre et la sauce épaissie.

4. Pendant ce temps, ajoutez les pommes de terre pelées dans une casserole d'eau avec une pincée de sel. Porter à ébullition et cuire env. 8 à 10 minutes jusqu'à ce que les pommes de terre soient cuites aux trois quarts. Égoutter et laisser refroidir. Une fois refroidi, tranché en rondelles de 1 cm.

5. Préchauffer le four à 200 ° C (ventilateur 180 ° C). Une fois la casserole cuite, assaisonner et déposer les pommes de terre en tranches sur le dessus, en chevauchant légèrement la viande. Badigeonner les pommes de terre de beurre fondu.

6. Mélangez la chapelure et le fromage et étalez-les sur le dessus des pommes de terre. Mettre la cocotte au four et cuire env. 30 à 40 minutes jusqu'à ce que le mélange de fromage et de chapelure soit doré et que la sauce bouillonne. Servir avec du chou frisé beurré.

Biryani d'agneau

Préparation: 45 minutes / Cuisson: 2 h 15 minutes

Ingrédients

- 50 ml huile végétale, plus 4 cuillères à soupe supplémentaires
- 1 kg d'épaule d'agneau en dés
- 4 cm de gingembre, pelé
- 1 bulbe d'ail, gousses séparées et pelées
- 600 ml l'eau
- 2 bâtons de cannelle, divisés
- 1 cuillère à café Safran des Indes
- 1 cuillère à café poudre de cumin
- 1 cuillère à café poudre de coriandre
- 1 cuillère à café Garam masala
- 3 gousses de cardamome verte, légèrement écrasées
- 500 grammes Riz basmati
- 8 cuillères à soupe lait
- 1 cuillère à café fils de safran
- 1 oignon, tranché finement
- 1 cuillère à café sel
- 150 grammes sultanes
- 150 grammes Amandes blanchies
- Petit bouquet de coriandre, hachée finement

Méthode

1. Dans un petit robot culinaire, blitz l'ail et le gingembre, en ajoutant un peu d'eau si nécessaire, jusqu'à ce qu'il forme une pâte.
2. Chauffer l'huile dans une cocotte à fond épais à feu moyen. Ajouter l'agneau et faire frire pendant 3-4 minutes, jusqu'à ce qu'il soit doré. Ajoutez votre purée d'ail / gingembre et faites cuire encore deux minutes. Ajouter le curcuma, la poudre de cumin, la poudre de coriandre, les bâtons de cannelle, les gousses de cardamome et l'eau et laisser mijoter environ 1 heure, ou jusqu'à ce que la viande soit tendre. Continuez à vérifier l'eau et ajoutez si nécessaire, à la fin de la cuisson, la sauce doit être épaissie et réduite. Retirer l'agneau et la sauce épaissie du feu et de côté.
3. Préchauffer le four à 210 ° C (ventilateur 190 ° C).
4. Rincez le riz plusieurs fois jusqu'à ce que l'eau soit claire. Ensuite, mettez de côté et laissez tremper dans l'eau pendant 20 minutes.
5. Pendant ce temps, faites chauffer le lait dans une petite casserole et ajoutez les fils de safran et laissez infuser.

6. Ensuite, faites la garniture d'oignon croustillant. Saupoudrer de sel les oignons et laisser reposer 5 minutes. Pressez l'humidité sur les oignons. Ajoutez 2 cuillères à soupe d'huile dans une poêle à feu vif et ajoutez les oignons. Cuire 10 minutes, jusqu'à ce qu'elles soient dorées. Basculez sur une serviette en papier et laissez tout l'excès d'humidité absorber. Mettre de côté.

7. Ajouter le reste de l'huile dans la poêle et faire revenir les amandes et les raisins secs pendant 3-4 minutes, jusqu'à ce qu'ils soient dorés. Mettez de côté pour refroidir.

8. Maintenant que le riz a fini de tremper, égouttez-le bien et portez à ébullition une grande casserole d'eau à fond épais. Ajouter le riz et laisser mijoter 5 minutes. Égoutter et réserver.

9. Dans la même poêle à fond épais, déposez un tiers du riz dans le fond. Ajoutez ensuite la moitié de la viande avec un peu de sauce réduite, un tiers des oignons et un tiers du lait de safran. Répétez le riz, la viande, la crème au safran, puis terminez avec le dernier riz et le lait.

10. Couvrir et cuire au four pendant 40 minutes. Retirer du four et laisser reposer 5 minutes.

11. Découvrir et saupoudrer sur l'oignon croustillant restant, les amandes, les raisins secs et la coriandre hachée. Servir.

12. Ajouter tous les ingrédients, sauf les épinards et les garnitures, dans une grande casserole et porter à ébullition à feu vif.

13. Baissez au feu le plus bas possible, couvrez et laissez mijoter jusqu'à ce que le riz soit complètement cuit (environ 10 à 15 minutes après l'ébullition). Incorporer les épinards jusqu'à ce qu'ils soient fanés, puis garnir et servir.

Ragù d'agneau simple

Préparation: 20 minutes / Cuisson: 1 h 30 minutes

Ingrédients

- 2 cuillères à soupe. Huile d'olive vierge extra
- 1 oignon, haché
- 2 carottes moyennes, pelées et coupées en dés
- 2 branches de céleri, hachées
- 2 gousses d'ail écrasées
- 2 cuillères à soupe. Pâte de tomate
- 900 grammes agneau haché
- 120 ml vin rouge
- 4 (400g) boîtes de tomates hachées
- 2 cuillères à café thym fraîchement haché
- 2 cuillères à café romarin fraîchement haché
- 2 cuillères à café origan fraîchement haché
- 1/4 c. À thé flocons de piment broyés
- Le sel
- Poivre noir fraichement moulu

Méthode

1. Dans une grande casserole à feu moyen, chauffer l'huile. Ajouter l'oignon, les carottes et le céleri et cuire jusqu'à ce qu'ils soient tendres, 5 minutes. Ajouter l'ail et la pâte de tomate et cuire jusqu'à ce que ce soit parfumé, 1 minute de plus. Ajouter l'agneau et cuire, en brisant la viande avec une cuillère en bois, jusqu'à ce qu'elle ne soit plus rose, 6 minutes.

2. Ajouter le vin rouge et cuire jusqu'à ce que le tout soit réduit, 5 minutes de plus. Ajoutez les tomates, puis remplissez chaque boîte de 60 ml d'eau et tourbillonnez pour récupérer le jus supplémentaire et ajoutez-les à la casserole. Ajouter les herbes fraîches, les flocons de piment et assaisonner de sel et de poivre.

3. Porter à ébullition, réduire le feu et laisser mijoter 1 heure. Assaisonner avec plus de sel et de poivre au goût.

Tajine d'agneau marocain

Préparation: 20 minutes / Cuisson: 2 h 30 minutes

Ingrédients

- 1 kg de rôti d'agneau désossé, coupé en morceaux de 2,5 cm
- Sel
- 720 ml bouillon de poulet faible en sodium
- 200 grammes Abricots secs
- 3 cuillères à soupe d'huile d'olive vierge extra
- 1 oignon, haché
- 4 gousses d'ail, tranchées
- 2 cuillères à café gingembre fraîchement écrasé
- 2 cuillères à soupe. Pâte de tomate
- 1 le bâton de cannelle
- Petite pincée de safran
- 1/2 cuillère à café curcuma moulu
- 1/2 cuillère à café coriandre moulue
- 1/4 c. À thé cardamome moulue
- 1/4 c. À thé muscade moulue
- 1/4 c. À thé clou de girofle moulu
- Poivre noir fraîchement moulu
- 5 grammes coriandre fraîchement hachée, et plus pour la garniture
- 55 grammes lamelles d'amandes grillées
- Feuilles de menthe déchirées, pour servir
- Couscous cuit, pour servir

Méthode

1. Dans un grand bol, mélanger l'agneau avec environ 2 cuillères à café de sel. Laisser reposer à température ambiante pendant 1 heure ou toute la nuit au réfrigérateur.
2. Dans une petite casserole à feu moyen-vif, porter le bouillon de poulet à ébullition. Retirer du feu et ajouter les abricots secs. Laisser reposer au moins 15 minutes.
3. Dans un tajine ou une cocotte à feu moyen-vif, chauffer l'huile. Ajouter l'agneau et cuire jusqu'à ce qu'il soit doré, environ 4 minutes de chaque côté. Travaillez par lots si nécessaire. Retirer l'agneau de la marmite et placer sur une assiette.
4. Réduire le feu à moyen et ajouter l'oignon dans la casserole. Cuire jusqu'à tendreté, 5 minutes. Ajouter l'ail et le gingembre et cuire jusqu'à ce qu'ils soient parfumés, 1 minute de plus, puis ajouter la pâte de tomate et remuer jusqu'à enrobage. Ajouter le bâton de cannelle, le safran et les épices et cuire jusqu'à ce qu'ils soient grillés, 1 minute de plus.
5. Ajouter l'agneau, les abricots et le bouillon dans la casserole et assaisonner de sel et de poivre. Porter à ébullition, puis réduire le feu et laisser mijoter, couvert, jusqu'à ce que l'agneau soit tendre et que le liquide soit réduit, environ 1h30.
6. Retirer du feu et incorporer la coriandre. Garnir d'amandes grillées, de menthe et de coriandre. Servir sur un couscous chaud.

Potée à l'agneau du Lancashire

Préparation: 30 minutes / Cuisson: 2 h 30 minutes

Ingrédients

- 1 kg de pommes de terre King Edward, tranchées horizontalement (environ 2 mm d'épaisseur)
- 40 grammes beurre salé fondu, plus un petit supplément pour le graissage
- 30 grammes farine
- 1 cuillère à café thym frais, haché
- 1kg d'agneau coupé en dés, nous avons utilisé un filet de cou et d'épaule
- 1 feuille de laurier
- 3 oignons, tranchés finement
- 500 ml bouillon de poulet (nous avons utilisé des cubes de bouillon frais mais c'est bien)
- 125 grammes Fromage du Lancashire, râpé (le cheddar fonctionne aussi)
- 2 cuillères à café sel
- Poivre blanc

Méthode

1. Préchauffer le four à 180 ° C (ventilateur 160 ° C). Placer les pommes de terre tranchées dans un bol avec du beurre fondu, 1 cuillère à soupe de sel et une pincée de poivre. Mélangez et mettez de côté.
2. Dans un autre bol, mélanger la farine, 1 cuillère à soupe de sel, une pincée de poivre et de thym. Mélangez l'agneau coupé en dés avec la farine assaisonnée pour que toute la viande soit légèrement enrobée. Assurez-vous de vous laver les mains après cette étape.
3. Beurrer une cocotte en grès (environ 21 x 9 cm) et déposer une fine couche de pommes de terre tranchées au fond.
4. Ajoutez la viande sur le dessus, ainsi que la feuille de laurier. Ajoutez ensuite une couche d'oignons émincés, et enfin une couche de pommes de terre tranchées uniformément sur le dessus. Saison.
5. Verser sur le bouillon de poulet, il doit couvrir toute la viande juste en dessous des pommes de terre. Ajouter le couvercle de la cocotte et cuire au four pendant 2 heures, à couvert.
6. Après 2 heures de retrait du four, saupoudrer de fromage râpé et remettre au four à découvert pendant 30 à 40 minutes ou jusqu'à ce que le fromage soit doré.
7. Servir seul ou avec du chou rouge mariné et des mini carottes glacées.

Lentille bolognaise

Préparation: 20 minutes / Cuisson: 1 h 20 minutes

Ingrédients

- 1 cuillère à soupe. Huile d'olive vierge extra
- 1 oignon moyen, haché
- 1 grosse carotte, pelée et hachée
- 2 branches de céleri, hachées
- 2 gousses d'ail écrasées
- 1 cuillère à café feuille de thym frais
- 1 cuillère à café origan fraîchement haché
- 480 ml l'eau
- 2 (400g) boîte de tomates hachées
- 200 grammes lentilles vertes, rincées et égouttées
- 5 grammes feuilles de basilic emballées, déchirées
- Sel
- Poivre noir fraîchement moulu
- Une pincée de flocons de piment broyés
- Jus de 1/2 citron
- Spaghetti ou linguine cuits, pour servir
- Parmesan fraîchement râpé, pour servir (facultatif)

Méthode

1. Dans une grande casserole à feu moyen, chauffer l'huile. Ajouter l'oignon, les carottes et le céleri et cuire jusqu'à ce qu'ils soient tendres, 5 minutes. Ajouter l'ail, le thym et l'origan et cuire jusqu'à ce qu'ils soient parfumés, 1 minute de plus.
2. Ajouter les tomates et les lentilles hachées dans la casserole. Versez de l'eau dans une boîte de tomates concassées et tourbillonnez pour attraper le reste de la sauce et versez dans la casserole. Ajouter le basilic et assaisonner avec du sel, du poivre et des flocons de piment.
3. Porter à ébullition, puis réduire le feu et laisser mijoter jusqu'à ce que les lentilles soient tendres, environ 1 heure. Ajoutez plus d'eau si nécessaire.
4. Incorporer le jus de citron et assaisonner avec plus de sel et de poivre au goût. Servir chaud sur des pâtes.

Lasagnes aux lentilles végétaliennes

Ingrédients

- 2 aubergines moyennes, tranchées finement dans le sens de la longueur, 1 cm d'épaisseur
- 2 cuillères à soupe. Huile d'olive
- 1 kg de jeunes pousses d'épinards
- **POUR LA SAUCE TOMATE LENTILLE**
- 30 grammes champignons porcini frais
- 2 cuillères à café d'huile d'olive
- 1 oignon rouge, haché finement
- 2 gousses d'ail écrasées
- 1 carotte moyenne, hachée finement
- 1 branche de céleri, hachée finement
- 2 brins de feuilles de romarin, épluchés et hachés finement
- 2 (400g) boîtes de tomates hachées
- 2 (400g) boîtes de lentilles, rincées et égouttées
- 2 cuillères à café origan séché
- 80 ml bouillon de légumes
- **POUR LE CHOU-FLEUR DE CAJOU**
- 1/2 tête de chou-fleur, coupée en fleurons
- 100g noix de cajou
- 240 ml lait d'amande
- 1 cuillère à soupe. Beurre vegan
- 2 cuillères à soupe. Levure nutritionnelle
- 80 ml l'eau
- Sel et poivre au goût

Méthode

1. Préchauffer le four à 180 ° C (ventilateur 160 ° C) et tapisser une plaque à pâtisserie de papier sulfurisé. Déposer les tranches d'aubergine sur une plaque, arroser d'huile et assaisonner de sel et de poivre. Cuire au four pendant 30 minutes. Retirer et réserver.

2. Pendant ce temps, préparez la sauce. Mettez les cèpes dans un bol résistant à la chaleur et remplissez d'eau bouillante. Laisser reposer environ 30 minutes. Égouttez l'eau granuleuse et hachez-la finement.

3. Chauffer une casserole avec de l'huile à feu moyen-vif, ajouter l'oignon et cuire quelques minutes jusqu'à ce qu'il soit doré.

4. Ajouter l'ail, la carotte, le céleri et le romarin et cuire jusqu'à ce qu'ils soient tendres. Ensuite, ajoutez les tomates et les lentilles et laissez cuire encore 5 minutes. Ajouter les cèpes, l'origan, le bouillon et assaisonner au goût. Laisser mijoter encore 20 minutes à feu doux.

5. Pour faire le fromage de chou-fleur, remplissez une grande casserole d'eau bouillante et laissez mijoter le chou-fleur et les noix de cajou jusqu'à ce que les deux soient tendres, environ 5-7 minutes. Égoutter et ajouter au robot culinaire avec le lait d'amande, le beurre végétalien, la levure nutritionnelle, l'eau et assaisonner au goût. Mélanger jusqu'à consistance lisse.

6. Graisser un plat allant au four de 22 x 16 cm et commencer à superposer vos lasagnes. Commencez par superposer le fond du plateau avec de l'aubergine. Ajoutez ensuite le mélange lentilles et tomates suivi d'une poignée de feuilles d'épinards, puis d'une couche de sauce chou-fleur. Répétez jusqu'à ce que vous ayez rempli votre plat. Saupoudrer le reste du chou-fleur et recouvrir de papier d'aluminium.

7. Mettre le plat de cuisson au four pendant 40 minutes.

8. Retirer le papier d'aluminium et cuire encore 15 minutes ou jusqu'à ce que le dessus soit croustillant. Laisser reposer 5 minutes avant de trancher. Servir.

Cuisses de poulet à l'érable et à la moutarde

Préparation: 15 minutes / Cuisson: 45 minutes

Ingrédients

- 350 grammes pommes de terre grelots, coupées en deux
- 225 grammes petites carottes, coupées en deux
- 2 cuillères à soupe. Huile d'olive vierge extra
- Le sel
- Poivre noir fraîchement moulu
- 2 kg de cuisses de poulet entières avec les cuisses attachées, température ambiante
- 2 cuillères à soupe. Moutarde de Dijon
- 2 cuillères à soupe. Moutarde à l'ancienne
- 1 cuillère à soupe. Sirop d'érable
- 1 cuillère à café feuille de thym frais
- Une pincée de flocons de piment broyés
- Persil fraîchement haché, pour la garniture

Méthode

1. Préchauffer le four à 240 ° C (ventilateur 220 ° C). Mélanger les pommes de terre et les carottes au fond d'un grand plat allant au four avec 1 cuillère à soupe d'huile. Assaisonnez avec du sel et du poivre.
2. Assécher le poulet avec du papier absorbant, arroser du reste de la cuillère à soupe d'huile et assaisonner de sel et de poivre. Disposer, côté peau vers le haut, sur les légumes dans un plat allant au four.
3. Dans un petit bol, mélanger les moutardes, le sirop d'érable, le thym et les flocons de piment. Badigeonner le poulet et arroser les légumes. Rôtir le poulet jusqu'à ce qu'il soit doré et un thermomètre inséré dans la partie la plus épaisse de la cuisse enregistre 70 ° C, environ 30 minutes.
4. Laisser refroidir légèrement, saupoudrer de persil.

Agneau Rogan Josh

Préparation: 30 minutes / Cuisson: 1 h 45 minutes

Ingrédients

POUR LA PÂTE

- 1/2 cuillère à café poudre de piment chaud
- 1 cuillère à café coriandre moulue
- 1 cuillère à café cumin en poudre
- 1/2 cuillère à café poivre noir moulu
- 2 cuillères à café paprika doux
- 1 cuillère à café Safran des Indes
- 2 cuillères à café Garam masala
- 1/2 cuillère à café cardamome moulue
- 3 cuillères à soupe purée de tomates

POUR L'AGNEAU

- 2 cuillères à soupe. Huile végétale
- 750 grammes gigot d'agneau, paré de graisse, coupé en cubes de 2,5 cm
- 4 feuilles de laurier
- 1 bâton de cannelle
- 4 clous de girofle
- 1 gros oignon, haché
- 2 gousses d'ail écrasées
- 1 x morceau de gingembre de 5 cm, pelé et râpé
- 100 ml yaourt nature
- Petite poignée de coriandre fraîche, hachée, pour servir

Méthode

1. Mélangez tous les ingrédients de la pâte avec une pincée de sel. Mettre de côté.
2. Faites chauffer l'huile dans une grande poêle et faites dorer l'agneau par lots. Mettre de côté.
3. Dans la même poêle, faites revenir la baie, la cannelle, les clous de girofle et l'oignon jusqu'à ce que l'oignon soit tendre et translucide. Ajouter l'ail et le gingembre et faire frire encore 2 minutes. Ajouter la pâte et faire frire encore 2 minutes.
4. Ajouter l'agneau et 400 ml d'eau et laisser mijoter doucement 1 h en remuant de temps en temps.
5. Jeter la baie et la cannelle et mélanger au yaourt, cuire encore 10 minutes.
6. Saupoudrer de coriandre fraîchement hachée avant de servir.

Gâteau au saumon

Préparation: 45 minutes / Cuisson: 20 minutes

Ingrédients

POUR LES GALETTES DE POISSON

- 200 grammes filet de morue, coupé en morceaux
- 200 grammes filet de saumon, coupé en morceaux
- 300 grammes crevettes crues, coupées en petits dés
- 1 citron zesté puis coupé en quartiers
- Éclaboussure de vin blanc
- 500 grammes pommes de terre, pelées et hachées
- 20 grammes aneth, haché finement
- 35 grammes persil finement haché (garder les tiges)
- 2 cuillères à café Moutarde en poudre
- 2 cuillères à café sauce au raifort
- 1 cuillère à café sel de mer
- Une bonne mouture de poivre noir

POUR LE REVÊTEMENT

- 2 œufs battus
- 100g chapelure panko
- 100g farine
- Huile végétale pour la friture
- Sauce tartare, pour servir
- Salade, pour servir

Méthode

1. Préchauffez votre four à 200 ° C (ventilateur 180 ° C).
2. Placer la morue et le saumon sur une plaque à pâtisserie haute avec le citron en quartiers, les tiges de persil et un peu de vin blanc. Couvrir de papier d'aluminium et cuire au four pendant env. 15 minutes. Retirer du four, retirer le papier d'aluminium et laisser refroidir un peu.
3. Pendant ce temps, placez les pommes de terre dans une casserole et ajoutez de l'eau bouillante pour couvrir les pommes de terre. Ajouter une pincée de sel, porter à ébullition et cuire 10 minutes ou jusqu'à ce qu'un couteau perce facilement la pomme de terre.
4. Égouttez-les et laissez les pommes de terre cuire à la vapeur pendant quelques minutes pour éliminer la dernière trace d'humidité. Retourner dans la poêle et écraser avec une fourchette, en laissant quelques morceaux de pomme de terre cuite pour la texture.

5. Pendant que la pomme de terre est encore chaude, ajoutez l'aneth, le persil, le zeste de citron, la moutarde en poudre, le raifort, le sel et le poivre. Bien mélanger pour incorporer tous les ingrédients et assaisonner au goût. Ajouter le poisson et les crevettes cuits à la pomme de terre et à l'aide de vos mains, mélanger délicatement dans la pomme de terre sans trop se casser. Vous voulez des morceaux de poisson dans le mélange.

6. Laisser refroidir le mélange puis former des galettes d'environ 4 cm de diamètre et 2,5 cm d'épaisseur, soit 8 galettes au total. Placez votre œuf battu, la farine et la chapelure dans trois bols séparés. Placez d'abord chaque Fish cake dans la farine jusqu'à ce qu'il soit complètement enrobé, secouez l'excédent. Ensuite, placez-les dans le mélange d'œufs en brossant le dessus et les côtés jusqu'à ce que les galettes soient uniformément couvertes. Enrober enfin le mélange de chapelure.

7. Chauffer une poêle à fond épais avec 2 cm d'huile à feu moyen. Pour vérifier si l'huile est suffisamment chaude, un petit morceau de pain déposé doit devenir doré en env. 30 secondes.

8. Faites frire les croquettes de poisson pendant 5 minutes de chaque côté jusqu'à ce qu'elles soient croustillantes, dorées et chaudes. Servir avec une sauce tartare et une salade.

Soupe aux patates douces et aux carottes

Préparation: 15 minutes / Cuisson: 40 minutes

Ingrédients

- 1 gros oignon, coupé en petits dés
- 500 grammes patate douce, coupée en dés
- 400 grammes carottes, coupées en dés
- 1 cuillère à café coriandre moulue
- 1 Morceau de gingembre de 5 cm, pelé et râpé
- 1 pomme, pelée et coupée en dés
- 2 cuillères à soupe. Miel (si végétalien, utilisez plutôt du sirop d'érable)
- Sel et poivre, pour assaisonner
- Huile végétale
- 1 l bouillon de légumes

Méthode

1. Dans une grande casserole, chauffer l'huile végétale et ajouter l'oignon à feu moyen. Faites frire pendant 5 à 6 minutes jusqu'à ce qu'elles soient translucides et tendres. Ajouter la coriandre moulue et le gingembre et faire frire encore 2 minutes jusqu'à ce que ce soit parfumé.
2. Ajouter la patate douce et la carotte à la casserole avec le bouillon de légumes.
3. Couvrir et laisser mijoter environ 30 minutes ou jusqu'à ce que les légumes soient tendres.
4. Ajouter les pommes coupées en dés et le miel et réduire en purée avec un mélangeur à bâtonnets ou mélanger par lots dans un mélangeur jusqu'à consistance lisse. Assaisonnez avec du sel et du poivre. Si un peu épais, vous pouvez ajouter un peu d'eau jusqu'à ce que vous obteniez la consistance désirée. Si désiré, garnir d'un filet d'huile d'olive extra vierge et d'un peu de coriandre, et servir avec du pain croustillant.

Recette de curry vert thaïlandais facile

Préparation: 10 minutes / Cuisson: 15 minutes

Ingrédients

- 2 cuillères à café huile végétale
- 400 grammes poitrine de poulet désossée sans peau, coupée en bouchées
- 3 oignons de printemps, tranchés en diagonale
- 1/2 poivron rouge, tranché finement en lanières
- 1 gousse d'ail, écrasée
- Petite poignée de feuilles de basilic thaï, déchirées
- 50 grammes Pâte de curry vert thaï (environ 4 cuillères à soupe)
- 400 ml stock de poulet
- 160 ml boîte de crème de noix de coco
- 1 cuillère à café sauce poisson
- 175 grammes bébé maïs doux, coupé en trois en diagonale
- 225 grammes pousses de bambou en étain, bien égouttées
- 100g mangetout, coupé en deux en diagonale
- Petite poignée de feuilles de basilic thaï, déchirées et quartiers de lime, à servir

Méthode

1. Chauffer l'huile dans une grande poêle à feu élevé et faire dorer le poulet de partout.
2. Baisser le feu à moyen et ajouter le poivron rouge, l'oignon nouveau, l'ail et le basilic et cuire en remuant de temps en temps pendant 5 minutes.
3. Ajouter la pâte et cuire 2 min.
4. Ajouter le bouillon, la crème de coco et la sauce de poisson et porter à ébullition.
5. Baisser le feu à moyen, ajouter le maïs doux et le bambou et laisser mijoter 5 min.
6. Ajouter le mangetout et cuire encore 3 minutes.
7. Servir avec du riz bouilli, des feuilles de basilic thaï déchirées et un quartier de citron vert.

Curry rouge thaïlandais

Préparation: 30 minutes / Cuisson: 25 minutes

Ingrédients

POUR LA PÂTE DE CURRY

- 1 poivron rouge, épépiné et haché grossièrement
- 4 piments rouges moyens, épépinés et grossièrement hachés
- 1 tige de citronnelle, peau extérieure enlevée et tranchée
- 4 gousses d'ail, pelées
- 1 cuillère à soupe. Gingembre, pelé et râpé
- 1 cuillère à café curcuma frais, pelé et râpé
- Jus et zeste d'un citron vert
- 6 oignons de printemps, extrémités enlevées et grossièrement hachées
- 1/2 cuillère à café coriandre moulue
- 1/2 cuillère à café cumin en poudre
- 1 botte de coriandre, tiges seulement (garder les feuilles pour la garniture à la fin)
- 6 feuilles de lime kaffir
- 4 cuillères à soupe sauce poisson
- 1/2 cuillère à café sel

- 1/2 cuillère à café grains de poivre noir entiers

POUR LE CURRY

- 2 cuillères à soupe. Huile végétale
- 8 cuisses de poulet désossées et sans peau, coupées en morceaux de 2 cm
- 1 grosse aubergine, coupée en cubes de 1,5 cm
- 100g haricots verts, garnis et à queue et coupés en longueurs de 2 cm
- 1 (400 ml) de lait de coco en boîte
- Petit bouquet de basilic thaï, les tiges enlevées et grossièrement hachées
- 6 feuilles de lime kaffir
- 1 cuillère à soupe. Du sucre
- 1 cuillère à soupe. Sauce poisson

POUR LA GARNITURE

- 1 piment rouge, épépiné et tranché finement
- Feuilles de coriandre grossièrement hachées

Méthode

1. Pour faire le curry, mélanger tous les ingrédients dans un mélangeur et mélanger jusqu'à ce qu'une pâte lisse se forme. Vous devrez peut-être arrêter et gratter le mélange sur les côtés plusieurs fois.
2. Chauffer l'huile dans une poêle à fond épais et ajouter la pâte de curry. Faites cuire pendant quelques minutes. Ajouter le poulet et l'aubergine, enrober de pâte et cuire encore 2 minutes.
3. Ajouter le lait de coco, les feuilles de lime, le sucre et la sauce de poisson. Étalez le poulet et l'aubergine pour assurer une cuisson uniforme et laissez mijoter 10 minutes en remuant de temps en temps.
4. Ajouter les haricots verts et laisser mijoter encore 5 minutes. Assaisonner au goût, en utilisant du sucre et de la sauce de poisson.
5. Retirer du feu et incorporer les feuilles de basilic thaï. Servir immédiatement avec du riz gluant et garnir de feuilles de coriandre et de piment rouge.

Piment végétalien

Préparation: 15 minutes / Cuisson: 1 h

Ingrédients

- 1 cuillère à soupe. Huile d'olive
- 2 poivrons, coupés en dés
- 1 oignon, haché
- 2 branches de céleri, coupées en dés
- 3 gousses d'ail écrasées
- 2 cuillères à café de poudre de piment
- 1 cuillère à café paprika fumé
- 1 cuillère à café cumin
- 1 cuillère à café origan séché
- Le sel
- Poivre noir fraichement moulu
- 1 (350 ml) de bière mexicaine
- 1 grosse patate douce, coupée en cubes de 1,5 cm
- 1 (400g.) Boîte de haricots noirs, égouttés et rincés
- 1 (400g.) Boîte de haricots Pinto, égouttés et rincés
- 2 (400g.) Boîte de tomates hachées
- 480 ml bouillon de légumes
- POUR GARNIR
- 1 avocat, tranché
- Quartiers de lime
- Oignons de printemps, tranchés finement

Méthode

1. Dans une grande casserole, chauffer l'huile d'olive à feu moyen. Ajouter les poivrons, les oignons et le céleri et cuire 3 à 4 minutes jusqu'à ce qu'ils soient ramollis. Ajouter l'ail, le piment en poudre, le paprika, le cumin et l'origan et faire sauter jusqu'à ce qu'ils soient parfumés, 1 à 2 minutes de plus. Assaisonnez avec du sel et du poivre.
2. Ajouter la bière et cuire jusqu'à ce qu'elle ait réduit de moitié, environ 6 à 8 minutes, en remuant de temps en temps. Ajouter la patate douce, les haricots noirs et Pinto, les tomates et le bouillon de légumes. Remuer et porter à ébullition, puis réduire à ébullition et cuire jusqu'à ce que les patates douces soient légèrement réduites et bien cuites, 30 à 35 minutes.
3. Servir avec les garnitures de votre choix.

Lasagne Végétarienne

Préparation: 15 minutes / Cuisson: 50 minutes

Ingrédients

- 750 grammes ricotta
- 300 grammes fromage mozzarella râpé
- 100g parmesan fraîchement râpé
- 2 cuillères à soupe. Assaisonnement italien
- 1 œuf battu
- sel
- poivre noir fraichement moulu
- aérosol de cuisson
- 250 g sauce marinara
- 1 boîte de feuilles de pâtes lasagnes sans ébullition
- basilic tranché finement, pour la garniture
- persil fraîchement haché, pour la garniture

Méthode

1. Préchauffer le four à 180 ° C. Dans un bol moyen, mélanger la ricotta, 200 g de mozzarella, le parmesan, l'assaisonnement italien et l'œuf jusqu'à homogénéité. Assaisonnez avec du sel et du poivre.
2. Graisser un plat de cuisson de 22 x 33 cm avec un enduit à cuisson. Étalez une épaisse couche de marinara au fond du plat. Ajouter une couche de feuilles de lasagne suivie d'un peu de sauce et de mélange de fromage. Répétez 5 ou 6 fois (selon la profondeur de votre poêle), en terminant par la sauce. Puis garnir avec la mozzarella restante
3. Couvrir de papier d'aluminium et cuire au four 35 minutes. Retirer le papier d'aluminium et porter le four à 200 ° C. Cuire jusqu'à ce que le fromage soit fondu, environ 15 minutes de plus. Laisser reposer 15 minutes.
4. Garnir de basilic et de persil avant de servir.

Printed by Amazon Italia Logistica S.r.l.
Torrazza Piemonte (TO), Italy

60099305R00076